産経NF文庫
ノンフィクション

子供たちに伝えたい

日本の戦争

1894～1945年

あのとき なぜ戦ったのか

皿木喜久

潮書房光人新社

文庫版のまえがき

明治以来、日本はいくつもの対外戦争を戦ってきた。日清戦争に始まり日露戦争、第一次世界大戦、日中戦争、そして大東亜戦争と、約半世紀もの間、多数の犠牲をはらいながら、ほぼ息つく間もなく戦いにくれてきた感がある。いったい何がそうさせたのだろう。

間違いなく言えるのは、西欧列強の植民地競争の時代に近代国家に生まれ変わった日本が、列強の脅威にさらされ、これをはねのけるために戦ったということである。とりわけ日露戦争は朝鮮半島を通じて、ヒタヒタと迫る大国・ロシアの脅威をはねのけるためについに立ちあがったのだった。対米英蘭の大東亜戦争も、新たな強大国・米国によって経済的に締めあげられたうえ、「ハル・ノート」で中国からの撤収まで求められたことが、日本を戦いに踏み切らせたといえる。

だが、それ以外にもあった。明治以来、日本人に流れてきた「恥を知れ」という精神である。

「降る雪や明治は遠くなりにけり」という句を残した俳人、中村草田男は戦後になって、この句は単なる懐旧趣味で詠んだのではないと強調している。若いとき、明治末期を過ごした母校を訪れたとき、「明治の精神」が遠ざかりつつあることを感じ、そのことを句にしたのだという。草田男はその「明治の精神」を「恥を知れ」という精神だったとふり返っている。

筆者流に解釈すれば、国を守り、同胞を守るために立ちあがらないのは「恥を知らない」ことであり、われわれの先輩たちは「恥を知る」がゆえに戦ってきたともいえる。それは戦うことがまるで「恥」であるかのような現代人たちとは真逆の精神を生きていたのである。

本書は産経新聞の連載「子供たちに伝えたい日本人の近現代史」から戦争に関連したものを収録した『子供たちに伝えたい日本の戦争』（産経新聞出版、平成26年刊行）を文庫本化したものである。以上に述べた「なぜ日本人は戦ったのか」の観点からお読みいただければ幸いである。

ただ、連載からすでに5年ほどが経っており、戦争の直接原因や経緯については日々新たな論考がなされている。特に大東亜戦争開始時に当時の政府は極めて合理的指針を決めていて、決して「無謀な戦争ではなかった」とする茂木弘道氏の『大東亜戦争　日本は「勝利の方程式」を持っていた！』には目を開かされた。合わせてお読みいただきたいと思う。

平成31年3月

産経新聞客員論説委員　皿木喜久

子供たちに伝えたい **日本の戦争** １８９４～１９４５年――目次

第2章 日露戦争 早期講和の功罪

第3章 第一次世界大戦と軍縮の時代

第4章 満州進出と日中戦争

第5章 軍部強硬派の台頭と外交の蹉跌

第6章 米英との戦い ドミノ式に戦線拡大

第7章 悲壮な戦いと結末

子供たちに伝えたい　日本の戦争

1894～1945年

——あのとき　なぜ戦ったのか

◇本書は、平成25年4月から始まった産経新聞の連載企画「子供たちに伝えたい日本人の近現代史」を基に、戦争に関する部分を取捨選択し、一部加筆して刊行しました。

写真提供：産経新聞社
共同通信社

装幀　伏見さつき
DTP　佐藤敦子

はしがき

日本はなぜ戦ったのか

「大津事件」にみる日本人の世界観と国際感覚

「大津事件」が起きたのは明治24（1891）年5月11日のことだった。

この年の4月末、日本訪問のため長崎に着いたロシアのニコライ皇太子（後の皇帝・ニコライ2世）は神戸、京都を経てこの日、船で琵琶湖遊覧を楽しんだ。

その後人力車で大津市の滋賀県庁に向かう途中、津田三蔵という元武士の警察官にサーベルで斬りつけられたのである。

傷は浅くてすんだものの、当時世界有数の軍事力を誇るロシアの皇太子に対するテロ事件だけに、日本中が報復を恐れ震え上がった。

明治天皇は直ちに京都へ行幸、皇太子を見舞うが、皇太子はこの後、東京へ向かう日程をキャンセルし日本を後にした。

平成25年4月に始めた産経新聞の連載「子供たちに伝えたい日本人の近現代史」は、

この「大津事件」からスタートした。

事件の処理に当時の日本人の世界観、国際感覚がよく表われ、それが「日本人の近現代史」の底に流れているように思えるからだ。

今「大津事件」と言えば「司法の独立」の観点から見られることが多い。政府がロシアの報復への危惧から、津田に皇室への罪を適用、死刑にしようとしたのに対し、大審院長の児島惟謙が「皇室罪は外国の皇族には適用できない」とこれを退け、無期徒刑としたためである。

だがその陰で意外と知られていないのはニコライ皇太子が日本を訪れたいきさつである。実は日本海に面した沿海州の都市、ウラジオストクで行なわれるシベリア鉄道の起工式に臨席するのが目的だったのだ。

１８９０年の10月、首都ペテルブルクを鉄道で出発、アドリア海のトリエステに出て、軍艦で海路、ウラジオストクに向かう。この情報を得た日本がロシア側と交渉、日本訪問を実現させたのだった。皇太子は事件の後、そのままウラジオストクに入り、予定通り起工式に臨席している。

皇太子の来日目的は軍事偵察か

同じロシアの欧州とアジアとを結ぶシベリア鉄道の建設はこの国の悲願だった。シベリア開発ばかりでなく、その先の満州（中国東北部）や朝鮮半島にまで権益を拡大するのに不可欠だったからだ。

ウラジオストクはこの年建設が始まった東の起点であり、皇太子には、千人を超える作業員を乗せた別の船が従っていたという。

だが、この鉄道は日本にとっては脅威以外の何物でもなかった。ただでさえ領土拡大を隠さないロシアだが、ウラジオストクから陸続きに２００キロも南下すれば朝鮮半島である。

鉄道の開通で半島はいずれロシアの支配下になるかもしれない。その次は日本である。むろん半島の北の満州にロシアの力が及ぶことも心配になってくる。

そんな危機を鋭敏に感じ取りながらも、まだロシアと戦う力などないと自覚する日本政府は、皇太子を日本に招き「友好」を結んでおこうとしたのだ。

それだけではない。吉村昭氏の『ニコライ遭難』によれば、一般国民の間では皇太子一行の来日の目的は軍事偵察ではないかとの風評が広まっていた。

いずれ日本を攻略するための一歩だというわけで、津田もその影響を受けていたのかも知れなかった。

「北の脅威」とどう戦うか―日本近現代史のテーマ

このことからもわかるように、日本は明治の開国以来、官民分かたずロシアや清国といった強大な大陸国による「北の脅威」を感じていた。これとどう戦うかは日本の近現代史の変わらぬテーマだったのだ。

そのため「富国強兵」で力を蓄え、日清、日露の両戦争に勝つことで、現実に朝鮮半島に及びつつあった清露両国の脅威を払拭することができた。さらにその安全保障を確実なものにするため韓国を併合、満州には自らの影響下におく満州国を築き、分厚いクッションのようにしようとした。さらにこうした日本の動きに反発する中国とも戦いに突入した。

しかし欧米列強が世界中で利権獲得にしのぎを削っていた帝国主義の時代である。資源や中国での利権をめぐって列強の日本への強い反発を招く。こんどは米国や英国などと、大東亜戦争（太平洋戦争）を戦うことになった。

自国の存亡をかけた戦いの歴史

近現代における日本の戦争は、北の大陸国に対する警戒心や危機感に始まり、帝国主義の時代に近代国家としての自存自衛をかけたものだったのだ。

「子供たちに伝えたい日本人の近現代史」は、日本人が自らの歴史に誇りを持てるようにという願いを込めて始めた。その中では政治や文化、娯楽などの歴史も取り上げてきた。連載はまだ続き今後は、戦後の歴史にも入っていく予定である。

だがその根幹をなすのは、自国の存亡をかけた戦いの歴史であることは間違いない。そのことを伝えたいために、戦争とそれに関連する部分を抽出、編集し直したのが本書である。

今改めて日本を取り巻く国際環境を見ると、露骨な海洋進出を目指す中国をはじめ「脅威」にさらされ、さまざまな圧力を受けていることでは日清、日露の時代や大東亜戦争開戦時とさして変わりはない。

にもかかわらず、安倍晋三政権の「集団的自衛権」行使容認をめぐり、「再び戦争のできる国になる」などと的外れな論議がまかり通ってきた。日本人が戦ってきた歴史を全て否定する自虐史観が再び横溢《おういつ》しようとしている。なぜ日本人は戦ったのか、そのことを学ばずして、日本の安全を守れるとは思えない。

もとより「戦史」としては物足りなさを感じられるのは承知の上である。ただ本書を読み「日本人って本当に一生懸命生きようとしてきたんだね」と感じていただければ幸甚である。

平成26年7月

産経新聞特別記者・編集委員　皿木喜久

第1章

日清戦争の勝利と臥薪嘗胆

1882-94年

李朝の近代化を求め清国と対立

壬午の軍乱から東学党の乱へ

北朝鮮との国境を流れる鴨緑江の北側、中国遼寧省《りょうねい》に丹東という都市がある。戦前は安東と呼ばれ朝鮮半島から陸路、満州（中国東北部）へ向う玄関口だった。対岸が北朝鮮の町、新義州である。上流部の国境は大半固く閉ざされているが、二つの都市は戦前に日本が架けた橋で結ばれ車や列車が行き来する。亡くなった北朝鮮の金正日総書記も何度かこの鉄橋を渡り、列車で北京などを訪問している。川幅は1キロ足らずで、中国大陸と朝鮮半島とが「地続き」であることを実感させる。

この「地続き」ゆえに、朝鮮半島は有史以来、何度も北方民族の侵略を受けてきた。その都度これと戦うのか、従属するのかの決断を迫られた。

一方、その朝鮮半島と海峡を隔てた日本はこの半島が「クッション」役をつとめたおかげで、中国大陸から直接の侵略を受けることはほとんどなかった。

607年、聖徳太子が小野妹子を大陸の隋に派遣、煬帝に国書を渡したときもそうだった。

「日出《いづ》る処《ところ》の天子、書を日没する処の天子に致す、恙《つつが》なきや」という内容だった。

「我々は対等なんだよ」と、中国からの自立を宣言したようなものである。

煬帝は怒ったというが、日本を攻めることはなかった。当時隋は朝鮮半島の高句麗と抗争中で、そんな余裕はなかった。そうした国際情勢を的確につかんでいた太子の「外交勝利」だった。

2度の元寇で味わった恐怖心

ただ13世紀に中国や朝鮮半島を支配したモンゴルの元《げん》だけは半島を伝うなどして日本に攻めてきた。2度にわたる元寇《げんこう》である。

鎌倉武士による必死の国家防衛戦と、襲ってきた「神風」のおかげで元への屈服を免れたが、日本人は半島が大陸の強大国の手に落ちることの恐怖を味わった。

その恐怖心は明治になっても生きていた。幕末に開国し近代化の歩みを始めた日本は明治9（1876）年、李氏朝鮮（李朝）と日朝修好条規を結び、李朝の近代化と

中国と北朝鮮を結ぶ中朝友誼橋。手前が中国・丹東市。２本のうち１本は朝鮮戦争で米軍に爆破され途中で切れている。現在は北朝鮮の「挑発」で緊張が高まっているという

清からの独立とを強く求めた。李朝が背後の清国やロシアと対等な国になってくれなければ、日本も危ういと考えたのだ。

だが1882（明治15）年、朝鮮で「壬午《じんご》の軍乱」といわれる暴動が起きると、危うさが早くも現実のものとなった。

きっかけは高宗国王の妃、閔妃《びんぴ》を中心に一族が実権を握る「閔氏政権」が、日本の軍人を教官に近代的な軍を創設しようとしたことだ。李朝では伝統的に武官より文官が優遇され、外国に対抗できるような軍を備えてなかったからだ。「それではだめだ」と、日本の要請に応える形で「強い国」を目指し

たのである。

だが、これに職を失う旧軍兵士らが反発、市民を巻き込んで暴動を起こした。日本公使館も襲い、教官の日本人軍人らが殺害された。日本は軍艦4隻などを首都漢城に近い仁川に結集させ、高宗国王に謝罪や損害賠償を求める。

ロシアと秘密協定を結び、緊張を高める

しかしその間に清が大軍を派遣して乱を鎮圧してしまった。この結果、日本が恐れた通り、清の李朝への影響力が増し、ことあるごとに干渉するようになる。1884（明治17）年には、金玉均ら朝鮮の開化派と日本兵とが閔氏政権に対しクーデターを試みるが、これもまた清の軍に潰されてしまう。これがいわゆる甲申事変である。

翌1885年、日本と清との間で「天津条約」が結ばれた。両国とも朝鮮から撤兵し、今後出兵することがあれば互いに事前通告することを取り決めたのだ。

だが高宗国王は、それに乗じて日本でも清でもなくロシアと何度も秘密協定を結び、その力に頼ろうとし、緊張を高めた。

こうした中、明治23（1890）年、日本の第1回帝国議会が開かれた。そこで施政方針演説に臨んだ首相、山県有朋は、日本が独立自衛するための「利益線」を保護

する、と述べた。利益線とは朝鮮半島のことであり、半島を守り抜くことを宣言したのである。

そして1894（明治27）年、朝鮮で「東学党の乱」が起きると、日本と清とがついに全面衝突する。

▼李氏朝鮮

1392年、太祖・李成桂が仕えていた高麗を滅ぼして樹立した朝鮮の王朝。李朝ともいう。首都を開城から漢陽（後に漢城、現ソウル）に移し、儒教を事実上の国教とし、外交的には中国・明との関係を重視する親明政策をとった。15世紀までには官僚機構を整え、農業技術や文化も発展し隆盛期を迎えたが、次第に衰退する。

対外的には朝鮮国、大朝鮮国を名乗り、1897年からは大韓帝国と称した。だが1910年、日露戦争に勝った日本に併合され、520年近い歴史に終止符を打った。

1894年2月-

清国・李鴻章の派兵に対抗

きっかけは東学党の乱鎮圧

19世紀から20世紀にかけての東アジアでは、新興宗教団体が何度か歴史を動かしている。

中国の清朝後期、大軍団で南京などの都市を占領し「太平天国」を名乗った洪秀全の拝上帝教がそうだった。やはり清朝末期に西欧列強に対抗して乱を起こした義和団も、白蓮教の流れをくむとされる宗教的な団体である。

そして19世紀末、日本と清との戦いを呼び込んだのは、朝鮮半島に生まれた新興宗教「東学」だった。１８６０年、崔済愚《チェジェウ》が起こした「東学」は儒教や仏教、道教を合わせたような教義だった。

朝鮮にも伝わりつつあったキリスト教（西学）や、それに伴う西欧の文化に対抗する極めて排他的な宗教で、農民たちの支持を得て急速に広まった。「東学党」という

道都、全州を陥落させてしまった。

政治結社までできた。

その東学党を中心に、半島南西部の全羅道古阜郡というところで農民らが反乱を起こした。1894（明治27）年2月のことである。農民たちが郡による徴税の仕方に反発したためだが、「宗教一揆」だけに、団結は強い。5月には、とうとう全羅道の道都、全州を陥落させてしまった。

李氏朝鮮は清国に助けを求め、日本も派兵

だが当時の李氏朝鮮政府には鎮圧するだけの力がない。そこで半島に影響力を強める清国に助けを求めた。清の軍事、外交を握っていた李鴻章は、ただちに歩兵2千人に山砲8門をつけ全羅道の北、忠清道の牙山に派遣した。

一方、日本である。全州陥落の情報を得るや、6月2日の閣議で混成一個旅団の派兵を決め、6日にはうち千人余りが広島・宇品港から首都・漢城（現ソウル）西方の仁川に先発した。日本人を保護するためとしていた。

だがこの混成一個旅団は、邦人保護としてはあまりに立派すぎる陣容だった。しかも戦時に作戦を担当する「大本営」を、初めて広島に設置する。

明らかに清の派兵に対し一戦を交える意志を示していた。このまま清が反乱を鎮圧

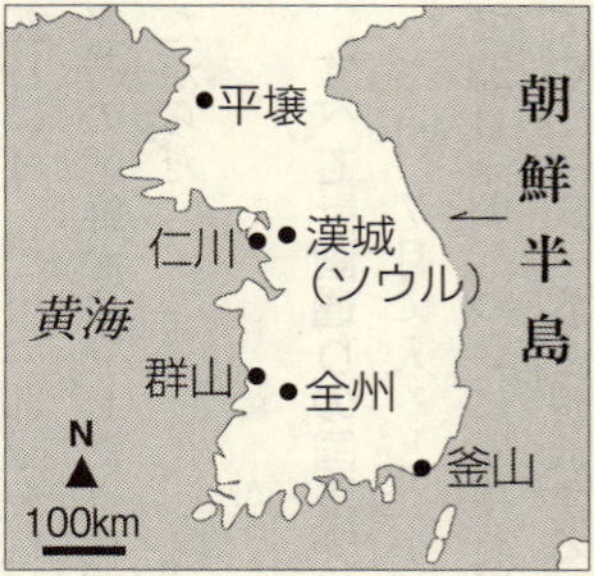

すれば、李朝は完全にその軍門に下るだろう。そうなれば海峡を隔てた日本も危うい。この時代の日本人が共有していた危機感だった。

しかも3月末に起きた金玉均暗殺事件も出兵を後押しした。金玉均は福沢諭吉らとも親交があった親日家で、朝鮮の開化派の代表だった。金が農民の乱に呼応するのを恐れた李朝政府が上海に誘い出し命を奪ったとされる。これが日本の世論をあおり、政府に強硬な対朝鮮政策を求めた。

だがこうした日清両国の出兵を恐れた東学農民軍は11日には李朝政府と「和約」を結び、さっさと解散してしまった。振り上げたこぶしを振るえなくなった清は日本に対し、いっしょに撤兵しようと提案した。

だがすでに戦時体制の日本は止まれない。清側の提案を拒否、逆に日清共同で朝鮮の「内政改革」にあたることを提案した。余計なお世話に見えても、「朝鮮が改革をしない限りまた反乱が起きる。それまで撤兵はできない」という理由からだった。

清がこれを断ると22日、天皇臨席の会議で、内政改革協定が実現するまで撤兵しないことを決定した。そして

25日には、仁川の部隊を首都・漢城南方の龍山にまで進出させる。何度も繰り返すが、当時の朝鮮が自立した近代国家となることは、日本の安全保障上どうしても必要だったからだ。

すべて計画通りの国王交代と攻撃

さらに7月に入ると、李朝政府に対し、清軍の撤退を求めるなどの要求を行った上で23日未明、ついに軍事行動に出た。龍山の兵を王宮に突入させ、李朝政府を支配していた閔《びん》氏一族を追放する。これを受けて高宗国王は父親の大院君に政務を委ねた。日本軍はその大院君の「委任」という形で清軍を攻撃する。全て計画通りだった。海軍も黄海の豊島沖で清の輸送船を沈める。日清戦争の火ぶたが切られたのだ。両国の正式な「宣戦布告」は8月1日だった。日本陸軍は9月には再び仁川に上陸、北部の中心都市、平壌を落とし、優勢に戦線を広げていく。

▼清王朝

中国東北部の満州族による王朝。17世紀初め東北を統一、国号を「清」と改めた。1644年、李自成の反乱軍が北京を陥落させ「明」が滅ぶと、清は山海関を越えて中国本土に入った。李自成を追放して「清王朝」の成立を宣言、北京を都とした。

18世紀までには、西の新疆《しんきょう》から南の雲南、東の台湾にまで勢力を広げ、中国の王朝史上最大の版図を得て隆盛を極めた。しかし19世紀になり英国とのアヘン戦争や、国内の太平天国の乱などにより衰退、日清戦争に負けたことが最後の打撃となり、１９１２年、辛亥《しんがい》革命で滅んだ。

1894年8月−95年4月

老大国と新生国の士気の違い

日清戦争、即座に決着

雛《ひな》もなし男許《ばか》りの桃の宿

明治28（1895）年の3月3日、俳人・正岡子規が詠んだ句である。

子規はこの日、勤めていた「日本新聞」の従軍記者として日清戦争を取材するため、東京の新橋をたち清国の大連に向かった。

新聞社内でささやかな送別の宴が開かれた。だが桃の節句にもかかわらず女性は一人もいない。それをおどけてみせた句なのだが、戦地に赴く子規の高揚感のようなものも感じさせる。

だが長旅の末、4月に大連に着くと、戦争は日本の勝利でほぼ終わり、講和交渉が煮つまってきていた。子規の意気込みも空振りに終わってしまった。

戦争は前年の明治27年8月1日、日清両国が互いに宣戦布告して始まったが、最初から日本が押しまくった。9月16日には朝鮮半島北部の平壌を攻略し、ほぼ朝鮮全土を制圧する。翌17日には「黄海の海戦」で清国の北洋水師（艦隊）を破り、この海域での優位を確立した。

さらに10月、陸軍の第一軍が国境の川、鴨緑江を渡り満州（現中国東北部）に攻め込んだ。新たに編成された第二軍も遼東半島に上陸し、11月21日、北洋水師が拠点としていた旅順を陥落させた。

9カ月足らずで日本の勝利に終わる

翌明治28年になると、残った艦隊が逃げ込んでいた山東半島突端の港、威海衛《いかいえい》に攻撃の的をしぼった。陸軍が背後から要塞を攻めて砲台を奪い、海軍は表から水雷による攻撃で、北洋水師が誇る艦「定遠」に大打撃を与える。

2月12日には艦隊の丁汝昌《ていじょしょう》提督が降伏を表明した。これによりいよいよ清の心臓部である直隷《ちょくれい》（現河北省）地方が攻撃対象にさらされることになった。

清は休戦を求めた。3月19日、全権を委ねられた北洋大臣の李鴻章が来日、山口県下関の料亭「春帆楼」で、日本側全権の伊藤博文との間で講和交渉が始まる。

4月17日には、清が朝鮮の独立を認めるなどとした下関講和条約が調印され、日清

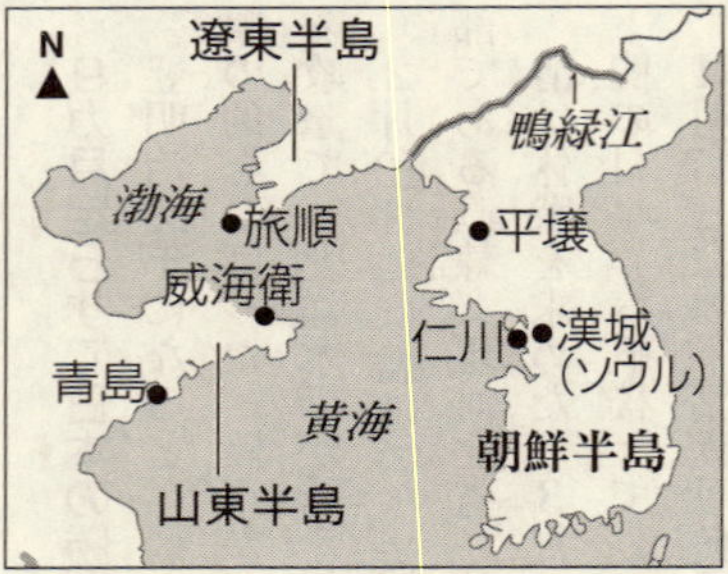

戦争はわずか9カ月足らずで、日本の勝利として終わった。

この戦争には、アジアの権益にあやかろうとしている西欧の強国も強い関心を持ち、多くの軍人らが「視察」にきた。その西欧列強の「見立て」では、圧倒的に「清国乗り」だった。

何しろアジアの大国である。軍事的にも優位にあるはずだった。特に海軍は、7千トン級の装甲砲塔艦「定遠」「鎮遠」の2隻を持つ清に対し、日本は3千～4千トン級の巡洋艦が中心だった。

それでも日本が「圧勝」したのは、海軍の戦術が優れていたこともあったが、何といっても「士気の高さ」が違っていた。

ほんの四半世紀ほど前、日本は明治維新により新しい国をつくった。政治家から軍人、兵士に至るまでこの新しい国を守りたいという固い決意を持っていた。朝鮮半島から清を追い出さなければ、日本がいつかその手に落ちるという危機感を共有していたのだ。

開戦するや明治天皇は広島の大本営（戦時の作戦本部）に行幸、半年間も泊まり込まれた。周囲が寒いからと部屋にストーブをつけようとしても「戦地に暖房があるのか」と許されなかった。こうした姿勢が、士気を一段と鼓舞したのである。

老朽した秩序と新生した秩序との実験的な戦い

一方、清はもはや老いていた。開戦に当たっても、李鴻章らは最後まで回避論に立っており、朝鮮への援兵は遅れた。

開戦後も兵たちの士気は上がらず、威海衛の戦いでは陸軍はさっさと砲台を捨てて逃走する。海軍でも日本軍の攻撃を受けると、兵たちが艦長らに銃を突きつけ降伏を迫った。

両国民の戦争への意気ごみの違いが勝敗を決定づけたのだ。

作家、司馬遼太郎氏は著書『坂の上の雲』で日清戦争を次のように総括している。

「老朽しきった秩序（清国）と、新生したばかりの秩序（日本）とのあいだでおこなわれた大規模な実験というような性格をもっていた」

▼李鴻章《りこうしょう》

中国・清末期の外交、軍事をとりしきった政治家。1823年生まれ。曾国藩の幕僚として太平天国の乱鎮圧にあたり、その後、清国中枢の現河北省やその周辺を管轄する直隷総督兼北洋大臣として、大きな権力を握った。外国事情にも通じ「東洋のビスマルク」として国際的に知られ、ほとんどの外交を任された。日清戦争に負けたことで閑職に追いやられたが、その後ロシアと密約を結び、義和団事件後は、再び直隷総督兼北洋大臣に任命され、事態収拾に当たるなどした。1901年死去。

1895年4月-

日本のシステムを押しつけず「ひらめの目」で台湾統治

台湾の台北市を観光に訪れる日本人がたいてい足を運ぶのが、市の中心部にある総統府だ。言うまでもなく、台湾の総統が政務をとる建物である。

バロック式5階建て、中央に塔が立つ赤煉瓦《れんが》の偉容は、見る人を圧倒する。実は日本による統治時代、統治に当たる台湾総督府として建設された。日本が先の大戦で敗れた後、台湾当局が総統府として再利用しているのだ。

その総統府の300メートルほど東にある台湾の迎賓館「台北賓館」は台湾総督の住居、官邸（公邸）だった所だ。ともに日本統治時代の歴史を今に伝えており、総統府には日本の歴代総督の写真が飾ってあるという。

日清戦争を戦った日本と清国とは1895（明治28）年4月、山口県下関市の春帆楼で、講和条約（下関条約）を結んだ。

清が朝鮮の独立を認めること、日本に対して遼東半島と台湾を割譲すること、2億両《テール》(当時の金で約3億円)の賠償金を払う―の3点が柱であった。

このうち遼東半島は、調印からわずか6日後、ロシア、ドイツ、フランスによるいわゆる「三国干渉」により日本が放棄せざるを得なかった。

だが、台湾については、6月初め、初代の台湾総督となった樺山資紀が台北に乗り込んで総督府を開き、植民地統治を始めた。

しかし当初は決して安易な道ではなかった。

ほとんど未開拓の地、清も持て余した

台湾はオランダなど西欧の国に支配されていた時期もあり、はっきりと清の版図に入ったのは、1683年のことだった。

その後、中国大陸の福建省や広東省からの移民が増加し始め、中部から北部へと開拓が進んだ。しかし山地の多い東部は19世紀に入っても、ほとんど未開拓の状態だった。先住民の高山族を完全に支配することもできていなかった。阿片《あへん》を吸う「悪習」もあり、清もてあまし気味だった。

講和のさい、清の全権、李鴻章が日本の伊藤博文に対し「貴国は台湾に手を焼く

台湾の総統府。台湾総督府として大正時代になって完成した（台北市）

よ」と「忠告」したと言われる。あながち、台湾を手放さなければならなくなった悔しさだけではなかった。そして日本はさっそくこの言葉をかみしめさせられる。

劉永福将軍が率いる「台湾民主国」軍は、日本の近衛師団と頑強に戦った。このため日本は国内などから次々に兵力を増員し鎮圧にあたり、この年の11月、ようやく平定する。

それでも最初の3年間ほどは、高山族などの激しい武力抵抗にあい、日本国内では「台湾売却論」まで出る始末だった。

それだけではなかった。割譲とともに、一旗揚げようと台湾に渡る日本人も多かったが、中には悪徳商人のような者もいた。彼等は総督府の役人と結託し、台湾人から搾り取ろうとした。また軍の中にも総督の命令を無視し、勝手に武力をふるう者もおり、一段と反発を買っていった。

台湾の古い習慣や制度を生かした後藤新平

何とか軌道に乗るのは統治開始から3年後の明治31（1898）年、第4代総督となった児玉源太郎が、統治を実際に取り仕切る総督府民政局長（後に民政長官）に、後藤新平を起用してからだった。

第4代台湾総督を務めた児玉源太郎。日露戦争では満州軍総参謀長として日本を勝利に導いた

大正12（1923）年の関東大震災で復興計画を立案する後藤は元々医師で、日清戦争の後、戦地から復員する兵士の検疫を担当した児玉の補佐を務め辣腕《らつわん》をふるった。そのことで児玉の強い信頼を得た。

その後藤は統治に当たって「比目魚《ひらめ》の目」という独特の「哲学」を持っていた。

「比目魚の目が体の片側に2ついて

いるのは生物学的理由があるからで、無理やり変えるわけにはいかん」というのである。だから統治する場合も、台湾の古い慣習や制度を生かし、日本のシステムを押しつけるのを避けた。

そうした古い習慣、制度を綿密に調べる「旧慣調査」を実施し、その結果として住民が相互監視する「保甲」を利用した警察制度をつくり、治安を安定させた。その上で、医療から産業まであらゆる分野で改革を進める。

▼初期の台湾総督

初代総督は薩摩出身で海軍大臣や海軍軍令部長などをつとめた樺山資紀。その後、桂太郎、乃木希典、児玉源太郎という長州出身の陸軍軍人が続いた。2代目の桂は辞令を受けた後、台湾を視察するなど意欲を見せた。だが直後に政権交代した松方正義内閣の陸軍大臣を要請されたのに、その後取り消されるという、ドタバタに怒って総督を辞任した。代わりに起用された乃木も統治の困難さに絶望して1年余りで辞め、4代目の児玉の起用によってようやく統治が本格化する。

1895年4月-5月

ロシアの狙いは遼東半島

三国干渉に「臥薪嘗胆」

徳富蘇峰《そほう》は明治から昭和まで息長く活躍したジャーナリスト、言論人である。若いころ、長州藩や薩摩藩などの出身者による「藩閥政治」を批判、平民主義をとなえ、若者らから人気を得ていた。戦後の「進歩的文化人」の人気と思えばいい。

その蘇峰は明治28（1895）年4月、清国の遼東半島を旅行した。中国大陸から黄海と渤海湾に突き出た半島で旅順や大連などの都市がある。日清戦争で日本が占領、4月17日、下関で結ばれた講和条約で、日本に譲り渡されることが決まっていた。

ところが蘇峰が帰国する前になってロシア、ドイツ、フランス三国の圧力に屈し、日本がせっかく得たこの地を放棄したことを知り愕然《がくぜん》とする。

「予は露西亜（ロシア）や独逸（ドイツ）や仏蘭西（フランス）が憎くは無かった。彼等の干渉に腰を折った吾が外交当局者が憎かった」（『蘇峰自伝』）と、矛先を当時の首相の伊藤博文や外相、陸奥宗光らに向ける。

そして日本への土産として、旅順の波打ち際から小石や砂利を一握り、ハンカチに包んで持ち帰った。「一度は日本の領土となった記念として」だった。

蘇峰はこれを機に平民主義から国権主義や軍拡主義へと変わる。いわゆる「転向」である。その後は「藩閥政治家」として批判していた桂太郎らにも接近、かつての支持者からは批判を浴びる。

だが、この「三国干渉」とこれを受け入れた政府への怒りは蘇峰だけのものではなかった。

遼東半島の割譲を認めず、日本に放棄を求める

「三国干渉」とは講和条約締結からわずか6日後の4月23日、3カ国の日本公使が外務省に林董《ただす》外務次官を訪ね、本国の意向として遼東半島の放棄を求めたことである。日本がこの半島を所有することは将来「極東の永久平和に障害を与える」という理由だったが、むろん建前にすぎない。

自らの領土を増やすのに手段を選ばない帝国主義の時代である。東洋にも触手を伸ばす西欧の強国として「日本のごとき」小国が、新たな領土を得ることはがまんがで

日露戦争の激戦地、二百三高地から遠望した旅順。日本が清から割譲を受けたが、三国干渉で放棄させられた

きなかったのである。

特に満州（現中国東北部）や朝鮮半島をうかがうロシアにとって良港・旅順を含む遼東半島は何としても手に入れたい所だった。事実、3年後の1898年には、力を背景に旅順と大連を清から租借することに成功している。

陸奥宗光だけが冷静に判断、国力増強を期す

日本政府がこの力まかせの「干渉」に反発したことは言うまでもない。だがその中で一人、陸奥だけは、清との講和会議で遼東半島割譲を強く求めた「張本人」にもか

かわらず、冷静だった。

今これを拒否して3国とコトを構えても勝てるわけはない。清がそれを理由に条約の批准を拒否し、せっかくの講和がご破算となる恐れもある。それよりも、今は3国への国民の反発を利して国力を増すべきだと考えた。このため政府は、5月4日の閣議と大本営の会議で受諾を決める。

それでも納得できないという国民の間には「臥薪嘗胆《がしんしょうたん》」の言葉が広まる。

紀元前5世紀ごろの中国春秋時代の故事である。ライバルの越王勾践《こうせん》に負け、命を落とした呉王闔廬《こうりょ》の子、夫差《ふさ》はその悔しさを忘れぬよう、薪《たきぎ》の上に臥《ふ》し（臥薪）て寝て、会稽山の戦いで勾践を破り、父の無念を果たした。

すると今度は勾践が、苦い胆《きも》を嘗《な》め（嘗胆）ては復讐心を養い続け、夫差に勝った。

この逸話から悔しさをバネに再起を期すのが「臥薪嘗胆」である。

三国干渉受け入れの直後、著名なジャーナリスト、三宅雪嶺《せつれい》が、新聞『日本』でこの言葉をタイトルに「後日を期すべし」と書いたところ、政治家から庶民にいたるまで日本人の心を捉えた。明治の時代、ほとんどの人が教養として知っていたからだ。

日本はこの「臥薪嘗胆」を合言葉に、他国の干渉をはね返せるような強い国になるべく、軍備の増強につとめ、とりわけロシアの脅威に備えていく。

それはまさしく陸奥の計算通りだった。

▼陸《む》奥《つ》宗光《むねみつ》（1844～97年）和歌山藩士の子供として生まれ、脱藩後坂本龍馬の海援隊のメンバーとなる。維新後、外国事務局御用掛として新政府に出仕、官僚の道を進む。駐米公使、農商務相などを経て明治25年、第2次伊藤博文内閣の外相となり、不平等条約改正などに当たる。日清戦争に当たり一貫して強硬路線をとり、「開戦外交」「陸奥外交」と言われた。一方で小村寿太郎を重用し続け、明治30年に病没した後、英国との協調のもとに清国やロシアに対抗する外交が小村や桂太郎らに受け継がれた。

第2章

日露戦争　早期講和の功罪

1900年6月

日本の生命線・満州に居座る

義和団の「招かざる客」ロシア

19世紀末まで、国際社会では清国を「眠れる獅子」ということがあった。老大国となり力は衰えてきたが、怒らすとまだまだ怖い。そう見ていたのである。ところが1894（明治27）年からの日清戦争で、日本にあっさり負けて「もはや獅子ではない」と、見くびられるようになる。そして、植民地獲得や勢力拡大に血道をあげる西欧列強（強大な国）の格好の標的となった。

先鞭《せんべん》をつけたのは、アフリカ分割で後れをとっていたドイツだった。日清戦争が終わって2年後の1897年、山東半島の付け根で青島のある膠州湾を武力で占拠、その後、租借（他国の領土を借りる）を認めさせた。

翌1898年になると英国が同じ山東半島突端の港、威海衛、フランスが広東州の広州湾の租借を認めさせる。日本が日清戦争で得た遼東半島を三国干渉により清に返させたロシアに至っては、その舌の根も乾かないうちに、同じ遼東半島の大連、旅順を租借するありさまだった。

扶清滅洋を掲げた宗教的結社

清国政府はほとんど無抵抗だったが、代わって「反列強」のノロシを上げたのが「義和団」という宗教的色彩を帯びた結社である。強烈な教義はなかったが「反キリスト教」を鮮明にしていた。

列強の清への進出とともにキリスト教も各地に教会を設置し、農村などで布教活動をしていた。義

北京の故宮博物院。かつての紫禁城で、義和団事件では各国軍が北京に入城した後、略奪などに備え日本軍が守備に当たったという

和団はこのキリスト教こそ各国の「先兵」として庶民の生活を苦しめていると見たのだ。

このため山東半島を中心に各地で教会を襲うなどし始めた。清政府は当初は「匪《ひ》賊《ぞく》」としてこれを弾圧した。しかし義和団が「扶《ふ》清滅洋《しんめつよう》（清を助け西洋を滅ぼす）」を掲げ、政治性を増していくと次第に手を結ぶようになる。

1900（明治33）年になると義和団はドイツの公使を殺害、6月には北京に入城、公使館街を包囲するなど闘争をエスカレートさせる。これに対し列強側は清政府に鎮圧を求めるが、清は逆に列強に宣戦布告し、本格的な戦争となった。6月21日のことだった。

英軍を中心とする列強軍は当初、軍の統制がとれず、清側の抵抗で北京に入れず、天津に引き返すほどだった。だが7月半ばに日本が英国などの要請を受け、約2万2千の兵員を送り込むと攻勢に転じ、8月中旬、8カ国連合軍が北京制圧に成功する。

翌年結ばれた議定書で清は多額の賠償金を払うとともに、北京—山海関間に外国軍の駐留権を認めざるを得なかった。半植民地化に拍車をかけたのだった。

余談だが、昭和20年代、産経新聞記者として京都大学などを担当していた後の作家、司馬遼太郎氏は当時盛んだった学生運動を「あれは義和団のようなもの」として興味を示さなかったという。

コトを起こすたびに警察官が大学に導入され、自治が脅かされる学生運動に義和団の歴史的事実を重ねて見ていたのである。

駐留の半永久化を狙うロシアは日本の脅威

だが日本にとっても義和団事件後の状況は深刻だった。ロシア軍が満州（現中国東北部）に居座ってしまったのだ。

ロシアは大連と旅順を租借すると、北部満州を東西に横断する東清鉄道と、その支線としてハルビンと遼東半島とを結ぶ鉄道の敷設権を清から得て建設に入った。

その鉄道を義和団から守るという理由でシベリアから大軍を南下させており、事件が終わった後もそのまま駐留を続けた。それどころか、「露清条約」により駐留を半永久化しようとする。

だがロシアが満州を支配下におさめれば次は朝鮮半島だ。

半島の南端までロシアの勢力が伸びると日本は存亡の危機に立たされる。それがこの時代の日本の「常識」だった。

日本の加藤高明外相らはただちにロシアに抗議、ロシアも露清条約の締結を断念する。岡崎久彦氏は『小村寿太郎とその時代』の中で、日本が世界の大国に行ったこの抗議は「若い日本の『成人式』であった」と評する。

それでもロシアは駐留そのものはやめない。

▼露清条約案

ロシア政府は1900年11月13日、18項目からなる対清要求をまとめた。(1)万里の長城以北の清国領土から諸外国の権益を排除する(2)満州の防衛はロシア軍の手に委ねる(3)満州内ではロシアの了承なしには一名の清国官吏も警察官も任命できない―といった内容だった。

ほぼ完全に満州を清国から奪うものだった。条約案として突きつけられた清は日本に頼るべくただちに通知、日本の抗議となった。ロシアの強硬路線の背景には、1896年、清の李鴻章との間で結んだ鉄道建設などに関する「密約」があったとされる。

1902年1月

日英同盟はロシアへの対抗措置

桂・小村が元老押し切る

明治18（1885）年、日本に内閣制度が創設された。当時、議院内閣制はとっていない。総理大臣、つまり首相の座は初代の伊藤博文以来、黒田清隆、山県有朋、松方正義、大隈重信という明治維新の功労者、元老の間で「たらい回し」のようにされてきた。

だが16年後の明治34年、4度目の登板となった伊藤の内閣が、財政運営をめぐり崩壊するや、もはや「たらい回し」は限界にきていた。元老たちは誰も引き受けようとしなかったのだ。

理由のひとつは厳しい国際情勢だった。その6年前、日清戦争には勝利したが、直後の三国干渉で遼東半島の放棄を余儀なくされた。義和団事件の後にはロシア軍が満州（現中国東北部）に居座り、朝鮮半島をうかがっている。日本は存亡の機にあった。

すでに「功成り名を遂げた」元老たちは、あえて難局に挑もうとはしなかったのだ。一時は、やはり維新の功労者である井上馨にお鉢が回りそうになったが、組閣に失敗、結局、前陸軍大臣の桂太郎が指名された。

桂は伊藤、山県らと同じ長州藩（山口県）の出身で、山県直系の陸軍官僚である。戊辰《ぼしん》戦争で東北各地を転戦しているが、山県らより若い「維新第二世代」で当時53歳だった。後に「ニコポン宰相」と言われ、ニコッと笑って相手の肩をたたき、丸め込む軍人らしからぬ政治家だった。

桂太郎が抜擢した小村寿太郎

その桂が外務大臣に抜擢《ばってき》したのが小村寿太郎だった。桂よりさらに若い外務官僚である。宮崎県の旧飫肥《おび》藩出身で、明治を代表する外交家の陸奥宗光に見いだされ、駐米、駐ロシア、駐清各公使をつとめた。

政治家としての力量は未知数だったが、「国粋主義者」と言われるほど愛国心が強く、体は小さいが度胸にあふれていた。桂としては危機の時代に小村の「強さ」に期待したのである。この桂と小村のコンビが20世紀初頭の日本をリードしていくことになる。

日英同盟を論じる元老会議が開かれた桂太郎首相の別荘「長雲閣」。関東大震災で倒壊したが、後に再建され、現在は個人住宅（神奈川県葉山町）

外相に指名されたとき、小村は北京で義和団事件の戦後処理に当たっていた。周囲は「桂内閣は繋《つな》ぎで短命だからやめとけ」と止めたが、小村は「6カ月でもいい。やりたいことがある」と意に介さずに引き受けた。

「やりたいこと」とは日英同盟の締結だった。ロシアの満州や朝鮮半島進出に危機感を抱く日本と、西欧列強の中でロシアだけが東洋で利権を得ることを嫌う英国とが手を結び、対抗するための条約だった。駐英公使の林董らが英国側と交渉を進めていた。

桂は同盟推進派だったが、厄介なことに伊藤、井上という2人の元老が反対していた。特に伊藤はロシアの力を極端に恐れる「恐露派」と言われ、ロシアと協商関係を

ロシアに対抗するため日英同盟締結を進めた桂太郎

結ぶ、つまり「話し合い」で日露間の問題を解決すべきだ、と主張していた。

伊藤はこの年の秋、ロシア側と協議するため米国、欧州経由でロシアに向かった。その旅の途次、桂に対し「自分とロシアの協議が終わるまで同盟の結論を待ってほしい」と電報を打った。

だが桂や小村は待たない。今や日露の提携を恐れる英国の方が「名誉ある孤立」を捨て、同盟に積極的になっている。この機会を逃す手はなかったのだ。

ロシアとの協商を断って捨てる

12月7日、神奈川県葉山にある桂の別荘で開かれた伊藤抜きの元老会議で、小村は日英同盟の必要性をとうとうと意見した。ロシアとの協商は「ロシアは侵略主義だから、協商で平和が生まれても一時的だ」と断って捨てた。その迫力に元老会議もゴーサインを出し、1902（明治35）年1月30日、ロンドンで締結された。

中身は（1）英国の清国における、日本の清国、韓国における利益保護のため共同行動する（2）日英いずれかが利益保護のため第三国と交戦するとき、もう一国は厳正中立を守る―などが柱だった。日本にとって「第三国」がロシアを示すことは明らかだった。

この同盟を基に日本は本格的にロシアと対決することになる。

▼その後の日英同盟

日英同盟協約は日露戦争の講和を前にした明治38年8月、改定された。日本が韓国に対し指導、監理、保護の措置をとることを英国が認めるなどの内容だった。さらに明治44年には米国に対してはこの協約は適用されないことを規定するなど再改定された。

しかし第一次大戦後に東アジアをめぐる日本と米英との対立が生じはじめ、大正10（1921）年、ワシントン会議で調印されたいわゆる「4カ国条約」で日英同盟の終了が明記され、同盟は2年後の大正12年に失効した。

1903年5月–04年2月

撤退を破棄、ロシアが「一線」越える

日露ついに開戦

2012（平成24）年暮れ、北朝鮮が長距離ミサイルを発射、世界中から注目を浴びた東倉里は朝鮮半島の北西の付け根、中国との国境である鴨緑江河口に近い所に位置する。

実は110年ほど前にも、この朝鮮半島北西部一帯に、世界中とは言わなくとも東アジアの耳目が集まっていた。

東倉里から30キロばかり北の鴨緑江河口の朝鮮半島側に竜岩浦という所がある。小さな地図には載らないこの町が近代史に名を残すことになるのは、日露戦争のひとつのきっかけとなったからだ。

1903（明治36）年の5月上旬、韓国に駐在していた日本の武官らから政府に、ロシアの動向に関するある情報が相次いで寄せられた。「竜岩浦を武力で占拠し、兵営工事を始めた」というものだった。後に森林開発を理由にしていることがわかる。

これまでにも書いたが、ロシアはその3年前の義和団事件で出兵した軍隊を満州（現中国東北部）にとどめていた。その軍事力を背景に、清国から租借した遼東半島の開発を着々と進めていた。その次の狙いが朝鮮半島にあることは明らかだった。

日本などの要求に対し、この年4月8日を撤兵期限と定めたものの、その日がくるとあっさりと破棄する。日本国民の間にはロシアに対する嫌悪感が高まるばかりで「ロシア討つべし」との声が渦巻いていた。

妥協案を模索中に「竜岩浦占拠」の一報

それでも政府は4月21日、京都で開いた伊藤博文、山県有朋の両元老、桂太郎首相、小村寿太郎外相の4者会談で、ロシアと「満韓交換論」で交渉する方針を決めた。満州におけるロシアの権益に日本が口を挟まない代わりに、朝鮮半島は日本に任せ、ロシアは手を出さないことで妥協する。何とか「話し合い」で解決しようという姿勢だった。

国民感情はともかく、朝鮮半島をロシアの手に落ちないようにすることが、日本の安全保障にとって最重要だったのである。

そんなときに飛び込んできたのが「竜岩浦占拠」の一報だった。日本側から見れば、まさにロシアが越えてはならない「一線」を越えたのだった。

こんどは軍が動いた。陸軍参謀本部は休日返上で事態への意見書を作成、5月12日、大山巌参謀総長から明治天皇への「上聞書《じょうぶん》」の形で示された。「韓国にして彼の勢力下に置かるるに至らば、帝国の国防亦《また》安全ならざるべし」と危機感を訴えたのである。軍内には「今なら勝てる」という楽観論もあった。

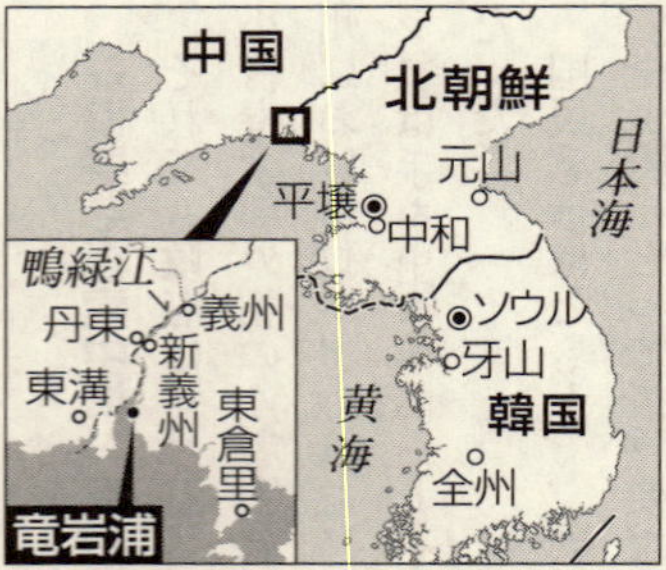

一方、政府は6月23日、明治天皇の臨席を仰いだ御前会議でロシアと本格的に交渉を始めることを決めるが、一向に進展しない。

ロシア内部にもこの時期、朝鮮半島まで利権を伸ばすべきだという強硬論と、満州にとどまってその権益を確保すべきだとの意見が交錯し、国論がなかなか統一されなかったのもその一因だった。

秋になってようやく小村とロシアの駐日本公使、ローゼンとの交渉が本格化する。この中でロシア側は、朝鮮半島の北部に「中立地帯」を設けようと提案する。一見建設的な妥協案に見えるが、日本からみれば「北はよこせ」と言っているに等しかった。

万朝報が主戦論に転じ、マスコミ全般が開戦論に傾く

交渉はこの「中立地帯」の位置などをめぐり双方が何度も修正案を出し合うが、ともに譲らない。この間、日本では著名なジャーナリストの黒岩涙香《るいこう》が主宰する『万《よろず》朝報《ちょうほう》』紙が反戦論から主戦論に転じるなど、マスコミも早期開戦論に傾いていった。

翌明治37（1904）年1月12日、御前会議でロシア側に最後の回答を求め、不満足なものであれば、軍事行動に移ることとした。そして2月4日、ついに軍事行動と国交断絶を決めた。

正式な「宣戦布告」は2月10日となったが、日本軍はすでに8日夜、陸軍が徹夜で朝鮮半島の仁川に上陸を敢行、さらに海軍は付近にいたロシア艦船を攻撃した。日本の命運をかけたロシアとの戦争が火ぶたを切ったのである。

▼万朝報の「転向」　日刊紙『万朝報』は、キリスト教の内村鑑三や社会主義者の幸徳秋水、堺利彦らを社員に擁し、労働問題などを論じるほか、明治30年代には日露開戦反対の論陣をはっていた。

しかし36年10月8日、社長の黒岩涙香が「もはや戦いは避けられない情勢であり、それなら全国民が力をひとつにすべきだ」と書き、開戦やむなし論に転じた。これに対し内村、幸徳、堺は退社する。しかし内村はその理由を「国民こぞって開戦と決めたら反対はしない」と述べ、これ以上反対論を書かないためだとした。

1904年8月-05年1月

批判に耐え旅順を落とす

浪花節のヒーロー乃木将軍

浪花節は昭和20年代まで、映画と並ぶ「娯楽の王様」だった。その最高のヒーローとなったのが、乃木希典《まれすけ》陸軍大将である。

例えば「信州墓参」で、先祖の墓参りに訪れた乃木に対し、それと知らぬ老婦人が毒づく。「自分の息子は日露戦争で死んだ。乃木というやつのせいだ」と。

乃木はじっと耐えるが、彼女は帰ってきた孫から目の前の人が乃木大将で、しかも乃木自らも息子２人を戦争で失ったと聞かされ、平謝りする。

浪花節だけではない。乃木は明治天皇に殉じて自死した後、神様となり、自宅の隣の場所に建つ乃木神社に祭られている。

明治期を代表する陸軍の軍人とはいえ、なぜ乃木は神様となり、浪花節で語り継がれることになったのだろう。それは日露戦争のさい、犠牲的精神で「旅順」を陥落さ

乃木希典陸軍大将。難航の末旅順を陥落させ、国民の崇敬を受けた

せたためにほかならない。

旅順は満州（現中国東北部）から黄海に突き出た遼東半島のほぼ突端にある港湾都市である。

明治37（1904）年2月、ロシアと戦端を開いた日本はまずこの旅順を標的とした。一帯を清国から租借するロシアがここに太平洋艦隊を集結させていたからだ。日本の海軍としては、この太平洋艦隊を壊滅させて黄海を押さえ、主戦場の満州に陸軍を自由に送り込もうとしていた。

堡塁を築き旅順全体が強固な要塞に

ところがロシア艦隊は周囲をぐるり山に囲まれたこの港に引きこもる。背後の山々には、コンクリートで固めた堡塁《ほうるい》（＝とりで）を築き、旅順全体を強固な要塞に変えていた。こうして遠く本国からバルチック艦隊の到着を待つ作戦である。

これに対し日本の連合艦隊は旅順港の狭い港口に老朽船を沈め、ロシア艦隊の出港を阻止しようとするがうまくいかない。このため港口での「封じ込め」に労力をさかれ、バルチック艦隊の影におびえなければならなかった。

一方の日本陸軍は、朝鮮半島や遼東半島から上陸、ロシア軍を押し戻すように、満州の地を北上する。だが旅順にロシア軍が健在では自由に攻められない。日本にとって、ノドに刺さった骨のようなものだった。

そこで、旅順の背後、つまり北側からの攻撃を任されたのが新たに編成された第三軍の軍司令官、乃木だった。第三軍は明治37年8月19日、後方東側の東鶏冠山《けいかんざん》方面から攻撃をかける。しかしロシアの堡塁に阻まれ、6日間で1万6千人の死傷者を出す大敗を喫した。9月、10月にも総攻撃をかけるが、その都度はね返された。

乃木は高潔な人柄で知られ、優れた詩人でもあった。部下を全面的に信頼し、正面からいちずに攻め続けた。将兵たちもその乃木を信頼し、一丸となって攻撃を繰り返した。

二百三高地を奪取、巨大砲でロシア艦を攻撃

だがこうした精神主義的にも見える乃木や第三軍の攻撃姿勢に海軍や陸軍参謀本部の中に疑問が生じた。そして背後の山々の中で、旅順港を見渡せる北西部の二百三高

地に標的を絞るよう要請、第三軍は11月末から二百三高地への集中攻撃を加えた。

途中、乃木の若いときからの友人で、現実家の満州軍総参謀長の児玉源太郎が一時、指揮権を握る形で加わったこともあり、12月5日、ついにこの山を奪取した。

山上に観測所を設け、ここからの指示で、日本国内から持ち込んだ28センチ砲という巨大砲で旅順港のロシア艦に砲弾を浴びせ、ほぼ壊滅状態に追い込んだ。周囲の堡塁も次々に破られ、旅順のロシア軍は翌明治38（1905）年の元日、ついに降伏する。

5万人にいたる死傷者を出したことで「信州墓参」のように、乃木に対する批判もあった。近年になってからは「愚将論」さえ登場した。だが国民は、旅順の戦いがいかに厳しいものだったか知っていた。批判に耐えながら、黙々と敵陣に挑む乃木に崇高なものを感じ「神」とあがめたのである。

「旅順陥落」で陸軍は満州での戦いに全力を投入、海軍はバルチック艦隊の来航に万全を期すことができた。

▼旅順港口閉塞作戦　開戦から間もない明治37年2月24日から3回にわたり実施された。旅順港口は幅が約270メートルしかないため、老朽船を沈め、港を使い物にならないよ

うにしようとした。だが敵の砲弾が飛んでくる中、自沈作業をし、ボートに乗り移り逃げるという危険な作戦だった。

3月27日の第2回作戦で福井丸自沈の指揮をとった広瀬武夫少佐（死後中佐）は部下を捜していてボートに移るのが遅れ、敵弾を受け戦死した。このことは新聞で大きく報道され、広瀬も「軍神」となり、後に故郷の大分県竹田市の広瀬神社に祭られた。

1905年1月-3月

満州の寒さと病気を克服

奉天の総力戦に勝ち抜く

漫画家の森田拳次氏は戦前、満州の奉天で育った。現在の中国東北部、遼寧省瀋陽市だ。森田氏は絵と文でつづる『中国からの引揚げ　少年たちの記憶』の中で思い出を次のように描いている。

「満州の冬は厳しい。…濡れ手拭いなどあっという間に棒のように凍りつく」

瀋陽は緯度的には北海道南端とほぼ同じで、さして高緯度にあるわけではない。だが冬は内陸性の寒さに加え、シベリアからの厳しい季節風にさらされる。1月の平均気温は氷点下10度を大きく下回り、最低気温の平均は氷点下18度近くにまで下がる。

明治38（1905）年冬、この酷寒の奉天付近で、日本とロシアの大軍がにらみ合っていた。

日本陸軍は開戦間もない37年4月末、黒木為楨《ためもと》軍司令官率いる第一軍が朝鮮半島から鴨緑江を渡り、満州に攻め入った。5月5日には第二軍（奥保鞏《やすかた》軍司令官）が遼東半島に上陸、こちらは半島の西側、遼東湾に沿って、ロシア軍を押し返しながら北上した。

さらに6月末、新たに編成された第四軍（野津道貫《みちつら》軍司令官）がやはり遼東半島から北上し、一、二軍と合流、「満州軍」としての体制を整えた。

そして8月28日からは奉天の南約70キロの遼陽に陣取るロシア軍に総攻撃をかけ、2万3千人以上の死傷者を出しながら遼陽を落とし、奉天方面へと進む。

一方、苦戦の末に38年初頭に旅順を陥落させた乃木希典率いる第三軍も、ほとんど休む間もなく北上して戦列に加わる。さらに朝鮮半島北部に新たに鴨緑江軍（川村景明司令官）も編成され奉天方面に向かった。

総勢25万人が結集、国内の陸軍はゼロ状態

こうして1月段階での日本軍は総勢25万人に上った。日本国内の陸軍留守部隊はゼロに近い。文字通りの「総力戦」である。一方、アレクセイ・クロパトキン総司令官率いるロシア軍は32万人がシベリア鉄道で送り込まれていた。

だが日本軍にとって、もうひとつの敵は寒さと病気だった。

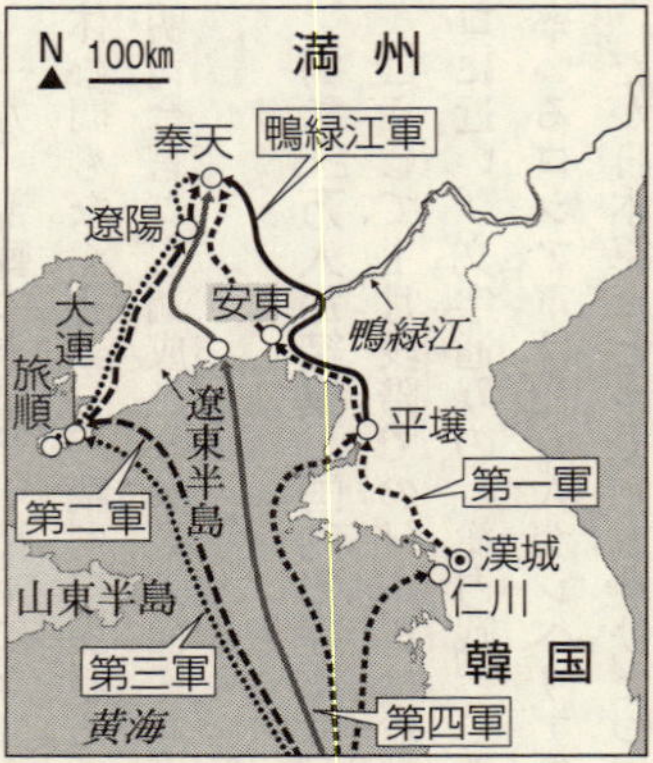

3年前、陸軍第八師団が多くの犠牲をはらいながら、青森県の八甲田山で雪中行軍を試みた一つの理由が、冬の戦いに備えるためだった。それでも将兵たちのほとんどはこんな寒さは知らなかった。衣服や寝具なども、ロシアに比べ酷寒地向けではない。さらに慣れない地で腸チフスを患い、栄養不足による脚気《かっけ》も蔓延《まんえん》する。明治から大正にかけての文豪・森鷗外は軍医でもあり、日露戦争では第二軍の軍医部長として戦地に赴いた。戦いで負傷した兵の手当てや病気治療のもようを野戦衛生長官あてに報告し、今、鷗外全集の中に収められている。

奉天の南でロシア軍と対峙《たいじ》していた38年2月16日付の報告では第二軍だけで新たに26人が凍傷を負い、腸チフスは198人、脚気に至っては955人が新たに発症した、とある。まさに満身創痍《そうい》の軍隊だった。寒さの中、戦端を開いたのはロシア軍だった。1月25日、奉天西南の黒溝台付近で、日本軍の左翼（西）を攻めた。

陽動作戦にはまったクロパトキン、奉天陥落

日本軍もこれに反撃、小康状態となったが、満州軍の大山巌総司令官は２月20日、総攻撃を指示した。氷が解ける春になると、ぬかるみで動きにくくなるからだ。２月22日、右翼（東）の鴨緑江軍が行動を開始、27日には左翼の第三軍が、ロシア軍の背後を突くかのように前進を始めた。

一種の陽動作戦だったが、クロパトキンはこれにはまり、軍が右往左往する間に、一、二、四軍が中央から攻撃をかけた。ロシア軍は北に向かって退却を始める。３月10日、ついに奉天が陥落、大山総司令官の「入城」となる。

クロパトキンはロシアで名将とされたが、一連の戦いで日本軍を必要以上に恐れ退却を繰り返し、後にロシア国内で非難をあびた。

いずれにせよ日本陸軍は「世界一」とされたロシア陸軍ばかりでなく、満州の寒さや種々の病気にも打ち勝ったのである。

▼首山堡《しゅざんぽ》の戦い

明治37年８～９月の遼陽の会戦では遼陽の南側の首山堡をめぐる攻防が焦点となった。小高い山や田畑からなるこの地をロシア軍が要塞として固めていたからである。

日本軍は8月31日から第二軍を中心にこの首山堡に総攻撃をかけた。中でも大隊を率いる橘周太少佐（死後中佐）は、先頭に立って首山堡の中心、一四八高地を奪う。だがロシア軍の反撃を受け戦死、高地は奪い返されるが、翌日第二軍が攻略に成功、遼陽の会戦勝利の突破口となった。橘はこれにより海軍の広瀬武夫中佐と並ぶ陸の「軍神」と呼ばれることになる。

1905年5月27-28日

対馬海峡でじっと待つ作戦

ロシア・バルチック艦隊を撃破

近代科学は一国の軍事行動を丸裸にするまでに発達した。北朝鮮のミサイル発射や核実験でも、人工衛星の「目」は、発射場や実験場付近の車の動きなど準備状況を細かくとらえる。発射や実験の事実は数分もかからず世界中が知ることができる。

だが100年あまり遡《さかのぼ》ると、衛星どころか、航空機もまだライト兄弟が59秒のフライトに成功したばかりだった。通信手段も限られている。敵の動き、とりわけ大海原の艦隊の動きをチェックするなど至難のわざだった。日露戦争が起きたのはそんな時代である。

日本は明治37（1904）年12月、ロシアの旅順艦隊をほぼ全滅させた。それより前、8月には蔚山《ウルサン》（韓国）沖の海戦で、ウラジオストク港に拠点を置く「ウラジオ艦隊」の主力艦を沈め、無力化させている。この結果、日本海から黄海にかけ制海権を

横須賀に保存されている戦艦「三笠」。連合艦隊の旗艦として、東郷司令長官が艦橋で指揮をとった

握る。

これに対しロシアは同年10月、欧州のバルト海を拠点とするバルチック艦隊を太平洋第二艦隊とし出港させた。皇帝ニコライ2世は司令長官に任命したジノヴィ・ロジェストウェンスキー中将に「極東に遠征し日本艦隊を撃滅せよ」と命じた。戦艦7

隻を中心とする堂々たる陣容だった。

だが艦隊は文字通り難航を強いられる。途中立ち寄る港で中立国などとのトラブルが発生する。大型艦は近道であるスエズ運河を通れず、アフリカ南端を遠回りしなければならなかった。

さらに、第二艦隊だけでは心もとないと、バルト海に残った艦をかき集め太平洋第三艦隊を編成、1905年2月「応援」に回した。だがインドシナ半島のヴァン・フォン湾で合流するまで時間がかかり、極東遠征は遅れに遅れた。

秋山真之が編み出した「七段構え」で射撃訓練

おかげで東郷平八郎司令長官率いる日本の連合艦隊は、艦も兵も十分にリフレッシュできた。天才参謀といわれた秋山真之はこの間に「七段構え」といわれる戦法を編み出し、艦隊は射撃訓練を繰り返した。

ただ困ったことに敵艦隊の動きがつかめない。同年5月14日にヴァン・フォン湾を出たのは確認できたが、その後は不明だ。

最終的に日本海からウラジオストク港に入ろうとすることは確かだが、最短距離の対馬海峡を抜けるのか、太平洋を迂回し津軽海峡か宗谷海峡を通るのか。連合艦隊は

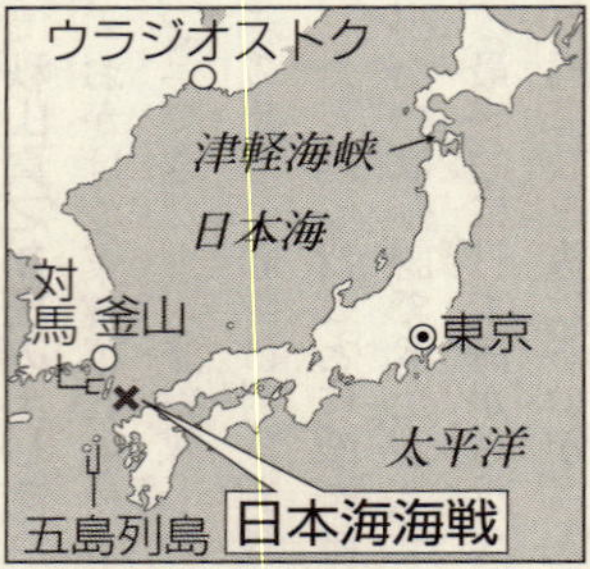

対馬海峡とみて韓国の釜山に近い鎮海湾に身を潜め、待ち受けるが、容易に姿を見せない。

実はロシア側にも太平洋を回り小笠原諸島を占拠、奪還にくる日本艦隊を撃退するという案もあったという。だがロジェストウェンスキーは対馬海峡を選ぶ。出港以来7カ月に及ぶ長旅で、一刻も早く着きたいとの気持ちがはたらいたのかもしれない。

5月27日未明、長崎県の五島列島沖で哨戒（見張り）に当たっていた信濃丸が、ロシア艦隊を見つけた。信濃丸は民間の貨物船を徴用した仮装巡洋艦だった。

「敵艦隊見ゆ」の無電は午前5時過ぎには鎮海湾の東郷司令長官のもとに届いた。東郷を乗せた旗艦「三笠」を先頭とした連合艦隊は対馬海峡でロシア艦隊を待ち受け、同日午後2時過ぎ、歴史的大海戦が始まった。

国運をかけた日本、疲れ果てたロシア兵

東郷は、丁字《ちょうじ》型に敵の進行方向を抑える作戦をとり、たちまち有利にたった。翌28

日夕までの戦いで、ロシア艦隊38隻のうち戦艦6隻など19隻を沈め、13隻を捕獲ないし、武装解除する。逃走中に自沈したり破壊したりした2隻を除き、無事ウラジオストクなどに逃げ込めたのは4隻だけだった。

対して日本側が失ったのは水雷艇3隻だけだった。世界の海戦史上例を見ないワンサイドの勝利である。その理由としては、日本側にロシア艦隊を待ち受ける時間的余裕が生じたことや作戦の奏功、ロシア側の遅すぎた極東到着などが挙げられる。

だがそれより、この一戦に国運をかけた日本と、長い航海で疲れ果てたロシアとの士気の違いが勝敗を分けたといえる。

▼東郷平八郎司令長官

日露開戦必至となっていた明治36年10月、山本権兵衛海相は、常備艦隊司令長官を日高壮之丞から同じ薩摩藩出身の東郷平八郎に代えた。東郷はそれまで「閑職」とされた舞鶴鎮守府司令長官だった。

勇猛さでは随一だが軍中央の指示に従わない恐れもある日高より、無口で自分を出さない東郷を選んだのだ。常備艦隊は同年12月には連合艦隊として改編されたうえ、加藤友三郎参謀長や秋山真之参謀ら優秀なスタッフをそろえてロシア艦隊と対戦、東郷はみごと山本だけでなく国民の期待に応えた。

1905年8月−9月

日本は疲弊しきっていた

ポーツマス決裂寸前に賠償金放棄

1905（明治38）年7月20日、米国北西岸のシアトル港に着いた外相、小村寿太郎の一行はそのまま大北鉄道の汽車に乗り換え、ニューヨークに向かった。日本の勝利が決定的になった日露戦争の講和について、ロシア側と談判（交渉）するためだった。

5日間の米大陸横断の旅だったが、3日目かの朝、列車が山の中の駅に着くと、線路脇に日本人らしい男5人が日の丸を持って立っている。十数キロ離れた森林で働いている日本からの移民たちだ。小村の一行が通ると聞き、夜を徹し歩いてきたのだという。小村は「達者で働いてくれ」と声をかけたが、その目はぬれていた。遠くから祖国を思う気持ちがヒシヒシと伝わってきたからだ。

小村の秘書官として随行していた本多熊太郎が『魂の外交』などに書き残し、吉村昭氏の『ポーツマスの旗』にも出てくるエピソードである。

日本は5月の日本海海戦の歴史的勝利により、ロシアの海軍を壊滅状態に追い込んだ。だがその陸軍は満州（現中国東北部）北部に健在だったし、余力もあった。これに対し、日本陸軍の兵力補充は限界に達していた。

日本贔屓のルーズベルト大統領が斡旋

このため政府は早期講和を目指しており、日本海海戦終結から4日後の6月1日には早くも米国のセオドア・ルーズベルト大統領に斡旋《あっせん》（仲介）を申し入れた。

日露両国に講和を斡旋したセオドア・ルーズベルト米大統領

実はこの米国の斡旋による早期講和は、開戦時から日本が描いていたシナリオだった。このためハーバード大学留学以来、ルーズベルトの親友である貴族院議員、金子堅太郎を開戦直後に訪米させ、頻繁に接触させていた。

自ら「日本贔屓《びいき》」を任じていたルーズベルトは6月9日には、日露両国に講和を勧告、会議の場所として米国大西洋岸のポーツマスを提供した。

小村は日本を代表して会議に臨むため渡米したのだ。だがロシア側にはまだ戦争を続ける意志があるとの情報もあり、講和の行方は厳しい。小村の肩には日本の命運が重くのしかかっていた。それだけに、移民たちによる日の丸での出迎えは身にしみたのだ。

小村とロシアのセルゲイ・ウィッテ元蔵相を首席とする交渉は8月9日に始まった。日本側が12項目の講和条件を示し、それにロシア側が答える形で進んだ。このうち、

（1）韓国に対し日本が指導、保護、監理する権利をロシアが認める

（2）日露両軍が満州から撤退する

（3）ロシアの清国・遼東半島の租借権を日本に譲る

（4）ロシアが満州に敷設した東清鉄道南部支線の長春以南を日本に譲り渡す

—などの点では、曲折はあったものの妥結した。

急転直下、樺太の南部割譲に応じる

最後まで残ったのは賠償金の支払いと樺太《サハリン》の日本への割譲だった。樺太については戦争末期に日本の陸軍が攻め込み、事実上支配していた。だが両方ともロシア側が拒

否、交渉は暗礁に乗り上げた。

ウィッテは宿泊していたポーツマスのホテルの勘定を済ませ、9月5日発の汽船を予約、帰国する姿勢を見せた。ウィッテ自身はもともと開戦にすら反対した「講和派」だったが、本国側の姿勢が固かったのだ。

小村は逆に日本の中でも強硬な外交姿勢で知られ、戦争を続けてもいいという「継戦派」だった。彼もまた、ポーツマスを引き揚げるという電報を日本に打った。

何としても講和したい桂太郎首相らは8月28日、小村に交渉を続けるよう命じた。ロシア側も急転直下、賠償金は拒否するが、樺太の南部割譲には応じると回答、小村もこれを受け入れ、劇的に講和が成立する。「ポーツマス条約」が調印されたのは9月5日、開戦から1年7カ月近くがたっていた。

これに対し日本国内では「勝ったのに一銭もとれないとはなにごとか」という講和反対論が起き、暴動まで発生した。だが、強気の小村でも妥協しなければならないほど、日本は戦争で疲弊しきっていたのである。

▼金子堅太郎の渡米

金子が後に講演などで明らかにしたところでは、金子に渡米を「命じた」のは枢密院議長の伊藤博文だった。伊藤は日露開戦直前の明治37年2月初め、自らの秘書官を務めたことのある金子を呼び「少なくとも米がロシアに加担しないよう工作してほしい」と要請した。金子がルーズベルトと親しいことを知っていたからだ。

金子は「米は露に弱いから難しい」として断るが、伊藤は「生命を賭してやれ」と強く促した。実際に米国に行ってみると、ルーズベルトが歓迎するなど米国は日本に好意的で、工作は順調に進んだ。

1905年9月5日

日比谷公園で国民の不満爆発

賠償金とれず、暴動に発展

鹿児島県の錦江湾から数キロほど内陸に入った姶良《あいら》市山田地区の中心部に「山田の凱旋門《がいせんもん》」が立っている。高さ、幅ともに5メートル足らずの凝灰岩でできた門だ。

この小さく古びた「凱旋門」は日露戦争が終わった後の明治39（1906）年3月、当時の山田村からこの戦争に出征した兵士たちの帰還を記念して造られたのだという。

戦勝者を迎える凱旋門は古代ローマのものが有名だが、岩中祥史氏の『鹿児島学』によると、日本でも日清戦争や日露戦争の後、全国各地に設けられた。しかしそのほとんどは「張りぼて」のような仮設物で、1年以内に取り壊されたという。

その中で「山田の凱旋門」は本格的な石造りのため、1世紀余りにわたり保存されてきた貴重なモニュメントだ。実は鹿児島市にも山田よりはるかに大きな石の凱旋門があったが、先の大戦で空襲を受け破壊されたという。

「山田の凱旋門」の裏の階段を上った招魂社には日露戦争だけでなく西南戦争以来、戦いで命を落としたこの地区の人々が祭られている。隣の姶良市蒲生町の招魂社にも、この町出身で日露戦争の犠牲となった25柱が祭られる。

都を遠く離れた町や村にまで凱旋門が建てられ、犠牲者が祭られている。いかに日露戦争が国をあげての、また国運をかけた戦いだったかを示している。

銃後も総出で戦いを支えた

事実、この戦争では5万人近くが戦死し、前線で病を得たり負傷したりして後に亡くなった者を加えると8万人を超える。そのほとんどは、こうした町や村から召集された兵士たちだった。

江戸時代まで、戦いは武士たちの仕事だった。しかし明治維新の中央集権化に伴い政府直轄の常備軍が必要となり、一般国民から広く兵を徴用する「徴兵制」が明治6年に設けられた。

一方で職業軍人を育成するため陸軍士官学校や海軍兵学校を設け「強兵」策を進めた。これが旧武士の指揮官らの存在と合わせ、日清、日露戦争を勝利する原動力となったのである。

しかし日露戦争を戦ったのは前線の将兵たちだけではなかった。いわゆる「銃後」でも国民が総出で戦いを支えた。

開戦して半年の明治37年秋、戦艦「敷島《しきしま》」が広島県呉港にドック入りした。8月の黄海海戦などで破損したため、来るべきロシア・バルチック艦隊との海戦に備え、急ぎ修復するためだった。当初、修理は2カ月半ほどかかるとみられた。ところがドックの職工たちは「戦いに間に合わなければ申し訳ない」と文字通り「不眠不休」の作業を引き受けた。

「敷島」の兵員たちも彼らにお茶を運んだりするなどして協力、修理は1カ月と20日ほどで終わってしまった（司馬遼太郎『坂の上の雲』）。むろん「敷島」は日本海海戦に間に合った。

陸では途中から満州（中国東北部）の寒さとの戦いとなった。このため防寒用のラシャ（毛織物）を大量製作して現地に送るため、東京の千住などにある工場が総動員された。

さらに三井、大倉などの商会（商社）が国民に毛布の提供を呼びかけると、あっという間に幅15メートル、長さ25メートル余りの倉庫3棟がいっぱいになるほど集まり、次々と満州に送られた（谷寿夫『機密日露戦史』）。

国民一丸となった戦争だった…

恐らく日本の国民がこれほど心を一つにしたことは歴史上もまれだったに違いない。だがそれだけに、ポーツマス条約で賠償金を得られないまま講和したことが伝わると、大きな不満を持つ日本人も少なくなかった。「これだけ多くの国民が命を落としたり、銃後で働いたりしたのに賠償金もとれないのか」というわけである。

講和条約が結ばれた明治38（1905）年9月5日には東京の日比谷公園で、講和に反対する国民大会が開かれた。参加者の一部は暴徒化し、内務大臣官邸や警察署、交番などを次々と焼き打ちにした。「国民挙げての戦争」と表裏をなすような「暴動」だった。

▼下瀬火薬

日露戦争を陰で支えた「縁の下の力持ち」は多いが、海軍技手、下瀬雅允《まさちか》が開発した「下瀬火薬」もそのひとつだった。それまでの主流だった「綿火薬」に比べ爆発力が高く、日本海海戦に圧勝する一因となった。

下瀬自身が講演で語ったところによれば「綿火薬」に比べ乾燥や摩擦に強いのが特長で、砲弾に暴発を防ぐための物質を詰め込む必要がなく、火薬の割合が大きいだけ爆発力が強くなった。ただ下瀬によれば爆発力は他の火薬の20%増程度であり、日本海で勝てたのはロシアの砲弾の信管が悪く、不発弾が多かったためと分析している。

日本海海戦時、下瀬は東京の自宅で病に伏していたが、圧勝の知らせに涙を流して喜んだという。

第3章

第一次世界大戦と軍縮の時代

1913年2月

日露戦争の名宰相も退場

「明治」の終焉と大正政変

政治集会などによく使われる憲政記念館は東京・永田町の国会議事堂のすぐ前、かつて陸軍参謀本部などがあった所に建っている。記念館は「尾崎行雄記念財団」によって建設され、昭和35（1960）年の完成後、国会（衆議院）に管理が委託されてきた。

尾崎行雄は明治23（1890）年の第1回衆院選で初当選して以来、実に25回連続当選、63年間に及ぶ議員歴を持ち「憲政の神様」と言われた。昭和29年に亡くなった後「偉業」を語り継ごうと記念館建設の運動が起きたのだ。

文相や法相、東京市長もつとめているが、その名を最も高めたのが、大正2（1913）年の「大正政変」である。それは「明治」が終わって4カ月足らずの大正元年11月22日、上原勇作陸軍大臣が閣議で陸軍の2個師団増を提案したことから始まった。

日露戦争が終わって7年余り、その間に日本は韓国を併合、ロシアが再び満州（中国東北部）から南下したさいの「防衛線」にしようとしていた。それでも警戒する陸軍はそれまでの18個師団を20個師団とし、増やした2個師団を朝鮮に配備しようとしたのだ。

とはいえ当時の1個師団は1万2千人規模だ。人件費だけでなく火器などの装備費を含めれば膨大な出費増となる。西園寺公望内閣は「できない相談」として、否決してしまった。

上原は2日後に、陸相を辞任する。困った首相の西園寺は「陸軍閥」のボスである山県有朋に後任の陸相を推薦するよう要請した。だが山県は、せめて増師（師団を増やすこと）を2から1とするか、実施を1年延ばすかという妥協を迫り推薦を断る。公家出身で淡泊な性格の西園寺はこれであっさり政権を投げ出し内閣総辞職となった。

3度目の桂内閣、詔勅を連発して乗り切る

当時の首相は、今のように国会議員により選ばれるのではない。元老が推挙した者

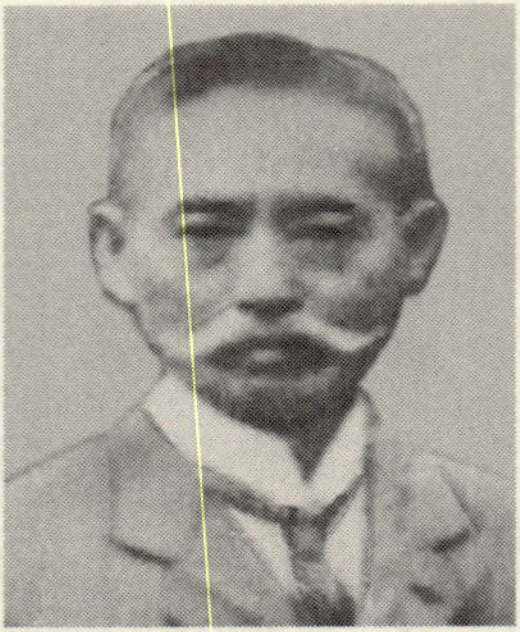

「憲政の神様」と呼ばれた尾崎行雄

に天皇から組閣の大命が下される仕組みだった。元老筆頭格の山県が後任に選んだのは陸軍閥・長州（山口県）閥の直系である桂太郎だった。３度目の桂内閣である。

だがこれに西園寺が率いていた政友会が強く反発する。「陸軍は増師を強行するつもりだ」というのである。しかもこれに陸軍のライバルである海軍も同調し、桂が求めた海軍出身の斎藤実海軍大臣の留任を拒否した。

桂は天皇の詔勅（ご意向を示す文書）、つまり天皇の権威を用いて留任させ、組閣を乗り切った。当然のことながら政友会などは反発を強め、翌大正２年になると、国民党と共同で内閣不信任案を出した。その審議が始まった２月５日、政友会の尾崎による桂攻撃の「名演説」が行われる。

「玉座《ぎょくざ》をもって胸壁《きょうへき》（とりで）となし、詔勅をもって弾丸に代えて政敵を倒さんとするもの…」。天皇の権威を利用した強権政治だという批判だった。それでも桂はなお詔勅により議会を「停会」とし、不信任案議決を阻止しようとした。こんどは国民が怒った。

暴動は関西まで飛び火、桂内閣退陣

当時の帝国議会議事堂は日比谷公園のはす向かい、現在の経済産業省のあたりにあったが、この前後から民衆が議事堂を取り囲むようになる。そして2月10日には日比谷公園などに集まった数千人が銀座方面に向かい、「国民新聞」など政府系と見られていた新聞社を次々に襲った。

鎮圧に軍隊まで出動したが、死傷者は数十人に上った。さらに暴動は関西にまで飛び火、桂はついに辞任する。

桂は明治34年6月以来3次、延べ7年10カ月余り首相を務めた。いまだに破られていない記録だ。しかも在任中、日英同盟を結び、日露戦争を勝利に導いた。名宰相と言ってもいい。だが最後は「石もて追わるるごとく」退場を余儀なくされた。代わって尾崎が「憲政の神様」となっていく。

時代は確実に、変わりつつあった。日露戦争であれほど「強い国家」を支持した国民も、明治から大正となるにつれ、むしろ柔和な別の国家を求めるようになっていたのである。

▼桂園時代

明治34年6月、桂太郎が首相となった後、桂と立憲政友会総裁の西園寺公望が交互にそれぞれ3回と2回、首相をつとめた。このため桂が退陣する大正2年2月までの11年半あまりを、2人の名前から1字ずつ取り「桂園時代」と呼ぶことがある。桂が政党とは距離を置いたのに対し、西園寺は不完全ながら政党内閣を目指した。

だが在任期間は桂の方がかなり長く、日英同盟の締結をはじめ日露開戦、韓国併合などの重要課題についてはほとんど桂内閣が決断した。このため実質的には「桂時代」だったと言ってもいい。

1914年8月23日

日英同盟に基づき対独宣戦

東洋にも欧州大戦の波

早稲田大学の創立者でもある大隈重信は近代日本で最も人気がある政治家の一人だった。

「大風呂敷」というあだ名があったほど万事鷹揚《おうよう》で、早稲田の豪邸にはいつも50人ほどの食客がおり、新聞記者の出入りも絶えなかった。大正11（1922）年に亡くなったとき30万人もの一般市民が葬儀に参列したという。

その大隈が2度目の首相になったのは大正3（1914）年4月のことだった。桂太郎の後を継いだ山本権兵衛の内閣が、シーメンス事件という海軍をめぐる疑惑によって倒れた。大隈はすでに76歳だったが、国民の政治への信頼を取り戻すため人気の老政治家が引っ張り出されたのである。

4カ月後の8月7日夜、その大隈の豪邸で臨時閣議が開かれた。議題は欧州で始

参戦を決めた大隈重信首相

まった戦争への参戦問題だった。

後に第一次世界大戦と呼ばれる戦争はこの年の6月28日、バルカン半島ボスニアのサラエボで、オーストリア＝ハンガリー帝国の皇太子夫妻がセルビアの青年に銃殺されたことで起きた。

7月にオーストリアがセルビアに宣戦布告、さらにオーストリアの盟友国ドイツが、セルビアを支援するロシアやフランスに宣戦、今度は英国がそのドイツに戦いを挑み、あっという間に欧州全域を巻き込みつつあった。

その英国は参戦から4日後のこの日、日本に対し太平洋のドイツ武装商船の探索を求めてきた。むろん日英同盟に基づくもので、事実上の参戦要請だった。

即座に参戦、狙いは山東半島の青島だった

日本政府の結論は早かった。臨時閣議は翌8日未明に「参戦」を決め、同日午後の会議で元老の山県有朋らの反対を押し切ってしまった。

主導権を握ったのは副総理格の外相、加藤高明だった。「大風呂敷」の大隈は、政務はほとんど加藤に任せ切りだった。その加藤は英国公使、大使が9年に及ぶ政界きっての親英派で、当然のごとく参戦路線を貫いたのだ。

日本には別の思惑もあった。ドイツが東洋進出の拠点としていた中国の青島に魅力を感じていたのだ。山東半島の付け根の膠州湾に面した青島はもともと一寒村にすぎなかったが、19世紀末にドイツが租借権を得るや、西欧風の都市と軍港になっていた。

8月23日、ドイツに宣戦布告、約5千の守備隊が守る青島を2万8千の兵力で攻撃した。ドイツの動きを封じるためだった。ドイツの主戦場は欧州で、援軍を送る余裕などなく、戦闘は11月初めドイツの降伏で幕を閉じた。

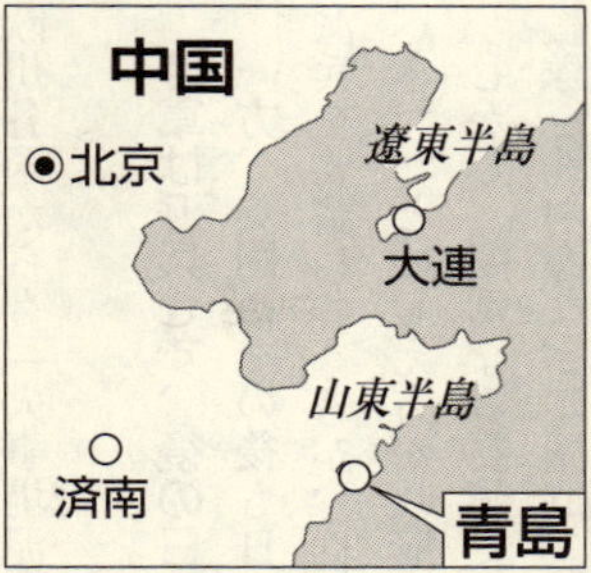

大隈政権はその2カ月後の大正4（1915）年1月、袁世凱政権の中国に、山東省におけるドイツの権益を日本が継承することを含めた「対華二十一箇条」の要求をつきつけ、4カ月後に認めさせた。

ドイツを含む三国の圧力で日本が放棄した遼東半島を後にロシアが租借したことの裏返しだった。弱肉強食の帝国主義時代とはいえ中国に強い嫌日感情を植え付け、欧州各国からも「火事場泥棒」といった反発を招いた。

陸軍は派兵せず、後の日英同盟廃棄につながる？

一方、英国はその後も日本に対し欧州戦線への参戦を求めた。ロシアやフランスも派兵を要請してくるが、日本は断り続ける。「白人同士の戦いは静観して力をためるべきだ」との考え方が政府内にも強かったからだ。

しかし、度重なる要請で、ようやく大正6（1917）年、巡洋艦「明石」以下の艦隊を地中海などに派遣、英国など連合国側の輸送船をドイツ潜水艦から守り、存在感を見せた。

だが陸軍はついに派兵を見送った。このため英国の日本への不信感は払拭されず、後の日英同盟廃棄につながったとの見方もある。元駐タイ大使の岡崎久彦氏は著書『幣原喜重郎とその時代』の中でこう書く。

「もし日本が欧州に出兵して同盟の信頼関係を強めておけば、同盟維持のほうに秤《はかり》の針が振れていた可能性は小さくない」

米国と同盟を結んでいる現在の日本にとっても貴重な教訓である。

▼板東俘虜収容所

青島攻略戦の結果、約４６００人のドイツ人が俘虜《ふりょ》（捕虜）として日本に渡ってきた。当初は既存の寺院などに収容されたが、戦争の長期化にともない全国6カ所に建設された収容所に分散され、約5年間を日本で過ごした。日本は俘虜への過酷な労働強要を禁じたハーグ協定を厳守し、丁重に扱った。特に徳島県鳴門市の板東収容所では、俘虜たちが野菜を栽培、日常品を自分たちで作り、演劇やサッカーなどを楽しんだ。ベートーベンの「第九」が日本で初めて演奏されたといい、近辺の日本人との交流も生まれた。

1914–20年

日本には天佑だった世界大戦

株に踊り、好景気に酔う

「サラエボの銃声」から欧州が第一次大戦に突入した1914（大正3）年、日本、特に東京周辺では「東京大正博覧会」が人々の関心を集めていた。

大正天皇の即位の大礼を祝う趣旨で3月20日に開幕した。上野公園の会場には初の国産自動車「DAT1号」など当時の最新科学の粋を集めた展示物が並ぶ。初めて登場するエスカレーターやロープウエーも人気を集めた。

7月末までの会期中に入場者は750万人に達し、平和な時代の科学技術の発展とそれによる経済成長を予感させた。それだけに日本も参戦を余儀なくされた世界規模の戦争は、これに水を差すのではと危惧も持たれた。

だが一部ではこれを日本にとっての「天佑《てんゆう》」と捉えていた。「天の助け」という意味である。

政府が大臣・元老会議で参戦を決めた8月8日、元老の一人で蔵相や外相を務めた井上馨は、静岡県興津の別荘で病床にあった。だが、この大戦への対応についての自らの考えを側近に書き取らせ、大隈重信首相や元老の山県有朋らに届けた。「今回欧州大禍乱《からん》ハ日本国運ノ発展ニ対スル大正新時代ノ天佑ニシテ…」で始まり、同盟国である英国をはじめフランス、ロシアと一致団結し、東洋における日本の利権を確立するよう求めていた。ここから「天佑」論が広まったのである。実際、日本にとって、短期的にみれば第一次大戦は「天佑」にほかならなかった。ドイツが欧州戦線に釘付け状態のとき、これに宣戦布告、その租借地である中国・山東省の青島をやすやすと陥落させた。しかも翌年、対華二十一箇条でそのドイツの権益を「継承」するとして、支配下に入れてしまった。

鉄や銅、船、綿製品などの注文が殺到、大黒字に

各国の要求にもかかわらず、欧州に送ったのは海軍だけで、その分多くの人命や戦費を失うこともなかった。そして「天佑」は経済面にも及んでいく。

開戦から数カ月たった大正3年暮れごろから鉄や銅、船、綿製品などの注文が日本に集まり出す。欧州の先進工業国の生産が戦争のため大幅に落ち込んだから

「大戦天佑論」を唱えた元老・井上馨

だ。この年から戦争が終わった後の大正9（1920）年までの貿易・貿易外収支は38億円の黒字となった。
　輸出で得た金が投資に回ることで、大正4年あたりから空前の株式ブームとなる。この年の11月22日、東京証券取引所は15万円という出来高を記録した。取引所の参観席は、株価値上がりを注目する人であふれていたという。
　当然のごとく、国内の経済活動は活発になる。とりわけ大戦の特需を受けた海運業界は多くの「船成金《なりきん》」を生んだ。神戸の商社「鈴木商店」は、欧州で鉄や銅、船舶などを買いまくり、その価格高騰で巨万の利益を得る。
　税収も増え続け、日露戦争直後は20億円もの債務を抱えていたのに第一次大戦後には27億円の債権国となっていた。そしてこうした経済成長や「平和」を背景に「大正文化」が花開いていった。

軍備の近代化には欧州各国に後れを取る

しかし長期的に見れば「天佑」ばかりではなかった。

欧州への参戦に慎重だったのに、中国での権益を独り占めしたことは、各国の不信を招き、日英同盟破棄の一要因となった。

軍備の近代化も後れをとってしまった。

未曽有の大戦で、欧州各国は科学的兵器の開発に力を注いだ。伊藤正徳の『軍閥興亡史』によれば、１９１６（大正５）年９月にはタンク（戦車）が戦線に登場する。日本の通信社も陸軍も全く知らなかった兵器で、通信社はそのまま「タンク」としてニュースを流した。伊藤は「それは、日本の陸軍を『非科学的陸軍』と化せしめる一大革命であった」と述べる。

しかも大戦後、被害の甚大さに欧州各国はいっせいに軍縮を打ち出し、日本にも強要した。このため日本は軍備の近代化をしないまま軍縮につきあわされる。

このことは後々、特に昭和前期の歴史に大きな影を落としていくことになる。

▼大正成金

「成金」とはにわかに大金持ちとなり浪費する者を揶揄《やゆ》する言葉だが、特に第一次大戦でもうけた金持ちを「大正成金」という。中でも有名なのは海運でもうけた「船成金」たちで、神戸内田汽船の内田信也は神戸・須磨に500畳敷き宴会場がある5000坪の御殿を建てた。神戸で大宴会を開き、普通の労働者の月給の何倍もの1人100円の料理をふるまう「船成金」もいた。料亭の玄関が暗いと、お大尽《だいじん》が百円札を燃やして明かり代わりにしたという漫画が登場したのもこの時代で、次第に庶民の怨嗟《えんさ》を買っていく。

1917年8月

ロシア革命の波及に恐怖感

シベリア出兵で「緩衝地帯」作り

第一次大戦が膠着状態にあった1917（大正6）年、戦争当事国のひとつであるロシアで、世界を揺るがす出来事が起きた。「革命」により300年あまり続いたロマノフ王朝が絶えたのだ。

初めはこの年の3月（ロシア暦2月）、首都ペテルブルクで女性たちのデモをきっかけに「皇帝による専制打倒」を叫ぶ大がかりな暴動が発生した。

このままでは収拾不可能とみた皇帝ニコライ2世は退位、後継者のミハイル大公も革命勢力を恐れて皇位継承を辞退してしまった。このため、議会の立憲民主党と社会革命党による臨時政府が発足する。いわゆる「二月革命」だ。

しかしそれだけでは終わらなかった。社会主義革命の指導者で、スイスに亡命していたレーニンが帰国したのだ。レーニンはただちに臨時政府との対決姿勢を打ち出し、労働者や反乱兵士らによるソビエト（評議会）への権力集中を訴えた。
そしてこの年の11月7日（ロシア暦10月25日）、トロツキー率いるソビエトの軍事革命委員会が臨時政府の拠点の冬宮を制圧、翌日のソビエト大会でレーニンが社会主義国家建設を宣言した。

ドイツが講和を狙ってレーニンを後押し

レーニンの帰国を後押ししたのは、実はロシアの対戦国ドイツだった。「反戦」を唱えるレーニンに武力革命を行わせ、講和を実現させるためだった。その狙い通り、ロシア、ドイツ両国は翌1918年3月、ブレスト・リトフスク条約を結び、正式に講和する。

困ったのはロシアと連合を結んでいた英国やフランスである。ロシアとの戦いをやめたドイツ軍が3月21日、西部戦線に大攻勢をかけ、英仏両軍は撤退を余儀なくされたのだ。

連合国側は米国の援軍を待つ一方、ロシアのシベリア地方に軍を送り込んで撹乱《かくらん》し、ドイツ軍を再び二正面に追い込もうとした。たまたまそのシベリアではロシアの捕虜となった後、反乱を起こしたチェコ軍がソビエト軍と戦っている。そのチェコ軍の救出が表向きの理由だった。

と言っても英国やフランスには戦力をさく余裕がない。そこで英国の同盟国である日本と米国に出兵を要請してきた。日本には「シベリア鉄道の占領を認める」と「ほうび」までちらつかせた。

これに対し当時の寺内正毅内閣は慎重だった。欧州の戦争には深入りしないというのが日本の大方針であったし、日本単独で出兵しても、目的は達成できないと考えたからだ。特に元老の山県有朋は強く反対した。

しかし7月になって米国が出兵を決めると、日本も応じることを決め、8月12日、慌ただしく約1万2千の兵を日本海に面したウラジオストクに上陸させた。

ところが肝心の第一次大戦は、米国が加わったことで逆転し、11月、連合国側の勝利で終わる。このため米国軍は撤兵するが、日本軍はそのままシベリアに居残る。兵力も7万3千に増やし、大正11年までソビエト軍と戦い、最終的には3千人あまりの犠牲を払い、撤兵することとなる。

ロシアの共産化は日本に大きな脅威だった

このため戦後の歴史観では「ロシアの革命への干渉と侵略の野望にかられた出兵」とか「何の意味もないムダな戦争」と自虐的に評価される。

だが、当時の日本にロシア革命が波及することへの恐怖感があったことも否定できない。二月革命が起きた直後、当時政友会総裁だった原敬は日記にこう書く。

「露国に革命起り露帝退位せりと云ふ。退位に至れるは真に大政変と云ふべし」「皇室の為国家の為、憂慮に堪へざるもの多し」

ただでさえロシアの南下に脅威を覚えていた日本である。そのロシアが共産主義国家となれば、今度は日本まで共産化され、天皇を頂いてきた日本の国体は危うくなる。多くの人がそう恐れた。

そのためシベリアに共産革命を防ぐ緩衝地帯をつくりたい。それもシベリア出兵の大きな目的のひとつだった。だがその難しさを痛感させられたのも事実である。

▼労働運動の高まり

日本の労働運動は大正7（1918）年頃から高まりを見せる。大正8年9月には川崎造船神戸造船所でサボタージュ、9年2月には八幡製鉄所でストライキが起きる。9年5月2日には日本初のメーデーが東京・上野公園で開かれた。第一次大戦の景気で工業が伸び、大幅に増えた労働者が待遇改善を求め始めたことが大きいが、ロシア革命の影響も否定できない。明治44年の大逆事件以来、息をひそめていた社会主義者たちも復権の動きを見せ始め、大正11年、秘密裏の共産党結成につながっていく。

1918年8月3日

米騒動は原敬内閣を生んだ

「政党でないと抑えきれない」

大正7（1918）年、日本の夏は熱かった。

英国など第一次大戦の連合国からの強い要請を受け、すったもんだの末、シベリアに出兵することを決めたのが8月2日だった。その翌日の3日には思いがけぬ「事件」が富山県で起きる。

現在は富山市に含まれる西水橋町で、約200人の女性たちが富山湾の浜辺に集まった。夜になり町の米屋や米を所有している資産家の家などに押しかける。そして「米を安く売れ」「よそに運び出すな」などと強く求めた。

彼女たちの多くは、艀《はしけ》で働いていた。沖合に停泊した船に野菜や米を運び、逆に北海道などからくる魚や昆布を浜辺に陸揚げするのである。出稼ぎの漁に出かけたものの不漁に泣く夫に代わり、一家の生計を立てていたのだ。その彼女たちが危機感を抱

米騒動の後、本格的政党内閣を組織した原敬首相

いたのが米価の値上がりだった。

第一次大戦景気によるインフレやシベリア出兵による需要増を見越した米の買い占めなどで、この1年でほぼ2倍に上がっていた。しかも鉄道の開通により艀の仕事が激減するというこの地方独自の事情もあり、怒りが一気に爆発したのだ。

東京から見れば地方の「ささやかな抵抗」だったが、この時代には珍しい女性たちの直接行動とあって新聞が飛びついた。5日の朝刊全国版は「女房連が米価暴騰に大運動」（東京朝日）などの見出しで大々的に報じた。

これが刺激となり6日は隣の滑川町（現滑川市）、8日は高松市や岡山市へと飛び火する。9日は大阪で若者が米屋を襲撃するなど関西一円に広まった。

格差拡大に怒り爆発、貿易商社「鈴木商店」を襲う

最大の騒ぎとなったのは12日夜の神戸市だった。ほとんど暴徒化した約250人が

米騒動で緊急に売り出された米に集まる人々（大正7年8月、東京）

神戸港に近い貿易商社「鈴木商店」本社を襲い、放火して全焼させた。

鈴木商店は第一次世界大戦の最中、欧州で鉄などを買い集め、造船会社に売り、さらにそこで造られた船を欧州に売るなどして巨利を得ていた。こうなると、米価高騰というより、格差拡大に対する庶民の怒り爆発だった。

前年にはロシア革命が起きたばかりであり、暴動の広がりを恐れた政府は軍や警察を動員して鎮圧にあたり全国で約2万5千人を検挙した。さらに新聞の米騒動関係の報道を禁止、外国産米を市場に放出するなどし、8月末ごろまでには沈静化する。

「騒動」は始まったばかりの全国中等学校野球大会を中止させるなど、社会的に大きな影響を与えた。だがそれだけでなく、思わぬ政権交代も招いた。

当時の首相は大隈重信の後を受けた陸軍出身の寺内正毅だった。長州藩出身で当時最高の実力者、山県有朋の直系である。立憲同志会の支持を受けた大隈や、政友会と組んだその前の山本権兵衛と違い、政党とは距離を置く「超然内閣」とされた。政党嫌いの山県の意に沿う政権といえた。

だが、米騒動で強権的にしか事態収拾ができない寺内内閣に対し政党や世論の批判が強まった。権力家であると同時に政治的リアリストである山県は、民衆の反発を抑えるのは政党に任せるしかないと考え出した。


元老・軍人政治にあきあきしていた国民が歓迎

このため9月4日に寺内が辞意を表明すると、政友会の元総裁で元老の西園寺公望を指名する。西園寺はこれを断り、現政友会総裁の原敬《たかし》を推薦し、ようやく原内閣が誕生した。

この間、原は郷里の岩手県盛岡市に帰り、静観していた。いずれ「天敵」である山県が自分を指名せざるを得ないと確信し、その前に動いて余計な軋轢《あつれき》が生まれるのを避けたのだった。

指名後は山県を訪ね、陸軍大臣の推薦を依頼して懐柔したうえ、陸、海軍大臣以外はすべて政党から閣僚を起用、本格的な政党内閣を実現させる。これまたリアリスト原の面目躍如であった。

「瓢箪《ひょうたん》から駒」にも見えたが、元老や軍人による政治にあきあきしていた国民は「平民」原による初の本格的政党内閣を熱烈に歓迎した。

▼政友会

正式には立憲政友会で、明治33（1900）年、憲政党と伊藤博文系の官僚が中心になり創立された。初代総裁は伊藤で、この年成立した第4次伊藤内閣の基盤になった。

その後伊藤を継いで総裁となった西園寺公望が2度にわたり内閣を組織、大正政変で桂内閣が倒れた後、薩摩閥の山本権兵衛内閣をかついだが、まもなく政権を失う。原敬総裁でようやく本格的政党内閣を実現させた。

その後、民政党と「二大政党」として何度か政権を担当した。しかし度重なる党内分裂を経て昭和15年に自ら解党し、40年に及ぶ歴史の幕を閉じる。

1921年11月4日

藩閥・軍閥の押さえ込みならず

原敬首相暗殺の波紋

平成24（2012）年秋、東京駅がリニューアルされた。というより、大正3（1914）年に開業した当時の姿に復元されたといった方がいい。

先の大戦で、米軍の空襲を受け焼失した北口、南口のドームを再建、全体を2階建てから3階建てに戻した。このため北口、南口とも広々としたホールとなり、観光名所化している。

その東京駅南口の壁に、小さなプレートがはめ込まれている。観光客も気づきにくいが、「原首相遭難現場」とある。開業から7年後の大正10（1921）年11月4日、首相、原敬が暗殺された場所である。

原はこの日夕、京都での政友会の大会に出席するため、改札口へ向かっていた。そこへ柱に隠れていた男がぶつかるようにして胸を刺した。原はその場で倒れ、午後8

時前、死亡が確認された。65歳だった。

犯人は中岡艮一《こんいち》という19歳の転轍《てんてつ》手で、大塚駅に勤めていた。転轍とは手動でポイントを切り替える仕事である。

中岡は取り調べに対し、原政権に不満を持っていたことを明らかにした。職場の助役から「首相を殺せば景気も良くなる」と言われ原を狙ったとも自供した。しかしこれはたわいもない世間話だったとされ、中岡は単独犯として、後に無期懲役の判決を受ける。

だがその後も、思想的背景や組織の介在を指摘する見解も多く出された。

マスコミ、文化人の反応は冷淡だった

元東京都知事の猪瀬直樹氏は著書『ペルソナ』の中で「藩閥という『守旧派』に対し政党によって『普通の政権』樹立を目指した原首相は、目的達成のため強引に築いた利権の構図のなかで殺された」と断じる。大陸の利権をめぐる守旧派との対立が原因で、中岡は「鉄砲玉」だったという。

むろん事件から90年以上がたつ今、真相は確認できない。ただこうしたドロドロした背景を「さもありなん」と思わせるほど、原暗殺に対するマスコミや文化人の反応

盛岡で行われた原敬首相の葬儀。「遺言」により故郷の寺に葬られた（大正10年11月）

は冷静、冷淡だった。作家、永井荷風は日記『断腸亭日乗』に「何らの感動をも催さず」と書いているほどだ。

３年前に発足した原政権は当初、初の爵位を持たない「平民」宰相、「本格的政党内閣」として熱狂的な支持を受けた。しかし藩閥や軍閥など「守旧派」との折り合いに腐心するあまり、十分期待に応えられず、しだいに国民の間に不満が強まる。

大戦バブル後の不景気を克服できなかったし、普通選挙の導入も拒否した。シベリアからの撤兵もなかなか実現できなかった。

国民の多くが期待した藩閥・軍閥との決別も進まない。前にも書いたが、原は首相に指名された後、直ちに長州閥と陸軍閥の頂点に立つ元老、山県有朋を訪ねている。組閣に当たって陸軍大臣を推薦させるためだった。

藩閥・軍閥から離れた政党内閣を目指すなら、陸軍大臣も自ら指名すべきところだが、山県の意向を無視しては、政党政治も行き詰まると見ていたのである。

庶民の期待外れ、吉野作造も批判的な見方

当然のごとく、こうした原の姿勢に批判も強かった。たとえばこの時代の思潮に大きな影響を与えた「民本主義」の提唱者、吉野作造は原の没後ではあるが大正13年に書いた「現代政治講話」の中で「強い内閣」に触れている。

今求められている「強い内閣」は「各方面より来る理由なき反抗を勇敢に切り抜ける」という内閣だとしている。明らかに原内閣はそうでないと言っているのだ。

しかも政権党である政友会をめぐって、「カネ」にまつわる疑惑も多く「軍閥よりひどいじゃないか」との批判も浴びた。

しかし元駐タイ大使、岡崎久彦氏は『幣原喜重郎とその時代』の中で、原は軍閥の「温床」となっている陸軍参謀本部の廃止などを真剣に考えていたと指摘する。

しかも原暗殺の3カ月後には、その山県も世を去っているから、軍閥押さえ込みが

実現していた可能性も強い。岡崎氏は「原が山県より生き延びられなかったのは大正史の痛恨事だった」と書くのである。

▼その後の政友会内閣

原敬首相が暗殺された後、蔵相で政友会筆頭相談役だった高橋是清が首相に就任、全閣僚を留任させ高橋内閣がスタートした。しかし野党などから批判が強かった中橋徳五郎文相らが留任したことに党内から不満が多く、亀裂が生じ、内紛により約７カ月後の大正11年６月、高橋内閣は総辞職に追い込まれた。後任は海軍軍人の加藤友三郎で、初の「本格的政党内閣」は４年足らずで終わった。原政権時代に生じていた国益より党利党略、猟官運動、利権あさりといった政党政治の悪い面が一気に噴出したためと言える。

軍の近代化を果たせぬまま

米国の主導で進んだ軍縮

皇太子時代の昭和天皇が欧州訪問を終えられた約2カ月後の大正10（1921）年10月末、3人の日本の軍人が、同じ欧州のドイツ南西部、バーデンバーデンという保養地に集まった。

スイス駐在武官の永田鉄山、ロシア大使館付武官、小畑敏四郎、欧州視察旅行中の岡村寧次の各陸軍少佐である。ともに陸軍士官学校16期の同期生で30代だった。

3人はホテルにこもり議論を交わすが、主要なテーマは2年前に終わったばかりの第一次大戦の総括と、それに伴う将来の日本の軍事体制だった。

欧州を中心に戦われた大戦は850万人を超す戦死者を出した。だがその悲惨な結末の一方で、各国は兵器の飛躍的近代化を果たし、国民を「総動員」する戦いを経験していた。

これに対し、日本は日英同盟に従いドイツなどと戦ったものの、兵器の急速な近代化を必要とするほどの厳しい戦いは経験していなかった。もとより国家総動員などしていない。

このことから永田らは、日本が世界で生き残っていくためには、軍の大幅な改革が必要との考えで一致した。そのため改革を妨げる陸軍の「長州閥」排除や、総動員体制の確立をはかることなどを「密約」した。

いわゆる「バーデンバーデンの密約」である。だがその後の国際社会には「密約」とは逆の「軍縮」の嵐が吹き荒れる。

大幅な海軍軍縮を受け入れた首席全権の加藤友三郎海相。日本海海戦勝利の立役者のひとりで後に首相もつとめた

「密約」から約半月後の1921（大正10）年11月12日、米国のワシントンで日、米、英など9カ国による会議が始まった。大戦後も戦勝国で続いていた軍拡が経済を苦しめているとして米国が日、英などに呼びかけ、世界規模での軍縮を目指したものだ。日本で原敬首相が暗殺され

た直後だった。

海軍の予算は5億円から2億8千万円に削減

焦点は海軍の主力艦の制限だった。米国のチャールズ・ヒューズ国務長官は会議の冒頭いきなり、各国が建造計画を一切放棄、保有する艦を米・英5に対し日本3、フランス・イタリア各1・67などとする提案を行った。

当然日本には反対論も多かったが、首席全権の海相、加藤友三郎はこれを受け入れる。大戦後の不景気でとても米、英などとの建艦競争には勝てないことがわかっており、むしろ「渡りに船」だったのである。

この結果、海軍の予算は大正10年には国家予算の3分の1に当たる5億円近くだったのが、12年には2億8千万円に削減された。

海軍が「成功」すると、世論は陸軍にも軍縮を求めた。特に大正11年2月1日、日本陸軍の生みの親で長州閥のドンでもある山県有朋が亡くなると、国民の間から一斉に軍批判の声が上がる。

伊藤正徳の『軍閥興亡史』によれば、当時の軍人は「電車に乗るにも軍服では気がひけて、人混みの場所には成るべく平服で行くような」状態だった。

その空気に押され、この年の８月、山梨半造陸相により、５個師団分を減らす軍縮が行われた。将校２千人余りを含む大幅な定員減となり、陸軍予算が15％削減された。さらに３年後の大正14（１９２５）年には宇垣一成陸相による４個師団削減が行われた。

軍人には死活問題、「焦燥感」も生む

国家財政を考えれば、軍縮は否定できない。だが軍人たちにとっては死活問題である。特にポストが減ることで出世が大幅に遅れ、士気に大きな影響を及ぼした。

さらに永田らがバーデンバーデンで危機感を抱いたように、日本の軍は近代化で大きな後れをとっていた。「宇垣軍縮」では、軍縮で浮いた予算を装備の新鋭化に回したものの、とても追いつけない差がついていた。

近代化を果たせないまま軍縮を行うことは、一流国の座を自ら降りるようなものだと感じる若手軍人も多かった。

彼らはやがて永田らを中心にグループをつくっては、政治にも関与しようとした。戦後には「昭和軍閥」として厳しい批判を受けるが、軍縮の時代に「焦燥感」があったことは無視できない。

▼四カ国条約

ワシントン会議では海軍の軍縮取り決めのほか、日本、米国、英国、フランスによる四カ国条約も締結された。太平洋の島嶼《とうしょ》に関する領土的権利をお互い尊重することや、問題が生じた際の協議のあり方などを定めたもので、拘束力は弱い理念的な条約だった。

それより日本にとっては四カ国条約を結ぶことによって、日英同盟が廃棄されたことの意味が大きかった。日露戦争に勝利する大きな要因となった同盟だったが、日米が反発、米英が急速に接近していく中、強大国となった米国の外交戦術に屈した条約ともいえた。

1924年5月26日

「反米」を決定づけた排日移民法

切腹して抗議した男も

「事件」が起きたのは、大正13（1924）年5月31日の早朝だった。東京の赤坂区榎坂町（現港区赤坂1丁目）の米国大使館に隣接する子爵《ししゃく》邸の植え込みの中に、男の遺体が見つかったのだ。

翌日の東京朝日新聞によれば、短刀で腹を真一文字に切り、カミソリで右頸部《けいぶ》を切断しており、即死の状態だった。

「人品いやしくない」40歳前後の男だったが、身元を示すものは何もない。代わりに「米国大使ウッジ氏を通じて」米国民にあてた「遺書」があり、「正義を標榜《ひょうぼう》する米国民が不法なる排日案を決議するとは…」という抗議文が書いてあった。

5日前の5月26日、カルヴィン・クーリッジ大統領の署名により成立した米国の「排日移民法」つまり日本からの移民を禁じる法律への抗議の自殺であることは、日本人なら誰でもわかった。

8日後には氏名不詳のまま、国家主義者、頭山満らによって「国民葬」まで開かれた。それほど、この法律による「反米」感情は高まっていたのである。

実はこの法案は当初、第一次大戦後急増している欧州各国からの米国への移民を制限、各国にその数を割り当てるものだった。それなら日本も制限を受けても仕方ないとの構えだった。

アジア人を差別、日本からの移住も全面的に禁止

ところが前年暮れ、米議会に提出された法案にはその趣旨と関係ない条項が入っていた。「帰化を許されない外国人移民」を全面的に禁止するというものだった。「帰化を許されない外国人」とは中国、インドをふくむアジア人を差別する規定だった。

そして日本人を除くと、すでに移民を禁止されており、日本だけは「列強扱い」で除外されていたのだ。新移民法は、その日本からの移住も全面的に禁止するものであり、日本人が反発するのは当然だった。

この新移民法に排日項目をもぐり込ませたのは、アルバート・ジョンソンら排日派

ともいえる上下両院の議員たちだったが、排日運動の歴史は１８９０年代にまで遡《さかのぼ》る。特に日本人移民の多い西海岸のカリフォルニア州などでは顕著だった。さらに、日本人が低賃金で真面目に働くため、米国人の仕事が奪われる。日本の風習をそのまま守り、米国社会に同化しない。低賃金ゆえに貧乏な日本人は不潔に見える。

といった理由が差別意識を育てたといわれる。

１９１３（大正２）年、カリフォルニア州で日本人の土地を取り上げる排日土地法案が成立すると日本政府も真剣に抗議を始め、日米関係は悪化をたどる。

１９１９（大正８）年に開かれたパリ講和会議で、国際連盟設立が議題になったとき、日本は「加盟国が加盟国を差別してはならない」という条項（後に宣言）を入れるように提案し、賛成多数を得た。だが議長国の米国が「全会一致が必要」と否決し、さらなる日本の反発を買った。

排日移民法はその４年後に提案されたが、クーリッジ大統領やチャールズ・ヒューズ国務長官は日本の反米感情を恐れ反対した。

反日派がイチャモン、日米の亀裂は決定的に

しかし当時の埴原《はにはら》正直駐米大使が「この法案が成立すれば、日米間に重大なる結果を及ぼす」という書簡を米政府あてに送ったところ、これを議会の反日派が「恫喝《どうかつ》だ」と騒ぎたてた。ほとんど「イチャモン」と言ってよかったが、結局クーリッジも署名せざるを得なかったのだ。

その直後、清浦奎吾内閣に代わり発足した加藤高明内閣で外相についた幣原喜重郎は移民問題に冷静に当たろうとし、関係改善につとめる。

だが日本の世論は「反米」一色に染まっていく。親米派のジャーナリストとして知られた清沢洌《きよし》でさえ、米国が埴原の書簡を逆手に取ったことを「巨人は（打たれた者の）抗議の文句が気に食わぬと言って激しく打ちのめした」と新聞のコラムで厳しく批判した。

その後も改善の動きはあったとはいえ、開戦にまでいたる日米の亀裂はこのとき、決定的に強まったのである。

▼日本人の移民　日本での近代移民は、明治元（1868）年、ハワイに移住した158人が始まりとされる。明治10年代から本格化するが、満州国などへの国策的移民を除

けば、北米や中南米への農業従事者がほとんどだった。

先の大戦の敗戦当時の一般在外邦人は北米（約半数はハワイ）が約41万人、中南米が24万人（平凡社大百科事典）とされる。移住する日本人の出身地は熊本、山口、広島、沖縄など西日本が多かった。戦後はブラジルなど南米諸国と移民協定を結び、移住が再開されたが、国内産業の発展で数は少なくなった。

第4章

満州進出と日中戦争

1928年5月

日本人の生命、安全を守る

「北伐」で起こした済南事件

2013（平成25）年の夏、収賄や職権乱用の罪に問われた中国の薄熙来元重慶市党委書記の裁判の場所に選ばれた済南は青島と並ぶ中国・山東省の中心都市である。北京と南京とのほぼ中間に位置し、古来南北交通の要衝となってきた。近代になってからは1904（明治37）年、自主的に外国に「開市」したため、外国人居住者が増え、有数の商業都市、国際都市となった。昭和初期には日本人も約2千人に達していた。

1928（昭和3）年4月、この国際都市が戦場となる危険にさらされた。国民党政府の革命軍総司令、蔣介石による「北伐《ほくばつ》軍」が迫ってきたからだ。

「北伐軍」は、満州（現中国東北部）の馬賊《ばぞく》出身で当時、北京を支配していた張作霖《ちょうさくりん》の軍閥政府を打倒、中国を統一することを目指している。4月7日に南京から北進を始めていた。

これに対し日本の田中義一内閣は19日、5千人規模の軍を山東省に送り込むことを決める。済南の日本人を保護するためである。

4月25日には第6師団が済南に入る。その6日後の5月1日、今度は国民革命軍が到着した。初めは双方とも自重したため平穏だったが、3日から4日にかけ複数の日本居留民が革命軍により殺害されるという事件が起きる。

このことが日本に伝えられるや反中世論が高まり、8日からは日本軍が攻撃をかけ本格的戦闘となった。革命軍は退却、迂回《うかい》路を通って北上することになり、済南は事実上日本軍が支配することとなった。いわゆる「済南事件」で、第2次山東出兵ともいわれる。

この事件で蒋介石は「日本に北伐を妨害された」として反日姿勢を強め、支那事変（日中戦争）のきっかけを作ったとされる。また戦後の日本では「日本人保護を名目にした中国大陸侵略」とする自虐的な見方もある。

国民革命軍が外国領事館を襲い、略奪、暴行、放火だが当時の日本には出兵せねばならない事情があった。

その前年、日本では大正から昭和になって3カ月の昭和2（1927）年3月28日、第3回の北伐に乗り出した蒋介石の国民革命軍が南京に入城した。規律の取れていない軍隊は日本や英国など外国の領事館を襲い、略奪や暴行、放火を繰り返した。

日本は大きな被害を免れたが、米、英、仏、伊4カ国の6人が死亡する。これに対し米国や英国は艦砲射撃で南京を攻撃した。

これを見た日本政府は、以降の北伐に備え、済南の日本人を守るため軍を送り込んだ。第1次山東出兵である。このときは革命軍が北伐を断念したため衝突は免れ、日本も兵を引いた。

この「失敗」で蒋介石は総司令を辞め、9月末には「私人」として日本を訪問している。

11月に行われた田中首相との非公式会談で田中は「日本が関心を持っているのは北伐そのものではなく満州での治安維持である」と強調、北伐を急がず、長江以南を固めるよう要請した。

つまり、日本は北伐による内戦が満州にまで及び、日露戦争で得た南満州鉄道などの権益が損なわれることを恐れたのである。

この年の6月、日本政府が開いた東方会議でまとめた「対支（中国）政策綱領」の中でも、「万一動乱が満蒙（満州と内モンゴル）に波及し日本の権益が侵害される恐れがあるときは、機を逸せず適当な措置をとる」としている。

満州を守るためにも北伐を阻止したかった

だが蔣介石は帰国するや総司令に復帰、北伐を再開する。日本としては南京の教訓から日本人の保護を急ぐとともに、満州を守るためにも北伐にブレーキをかけたかったのである。

とはいえこの時点で、蔣介石軍と北京の張作霖軍との力の差は歴然としており、国民政府が北京までを支配下に入れるのは時間の問題だった。

1928（昭和3）年6月初め国民革命軍はついに北京に入城、その直前、張作霖は出身の満州に逃れるため、北京から奉天に向かった。だが帰り着く寸前、列車ごと爆殺され、満州の歴史は新たな段階を迎える。

▼北伐

中国国民党による全国統一戦争のことをいう。国民党政府は中国最南部の広東省に本拠を置き、北上して北京などの各軍閥政府と戦ったため「北伐」と呼ばれた。

北伐は3回にわたった。1926年に始まった3回目は、蒋介石を総司令とする国民革命軍が翌年3月、南京まで進出した。しかし外国領事館への攻撃などで、蒋介石が解任され挫折した。その後総司令に復帰した蒋介石の指揮で約25万の革命軍が再度北上を始め、28年6月には張作霖を追い払い、北京を占拠することに成功、一応北伐を完了させた。

1928年6月4日

本当に関東軍の仕業だったか

「張作霖爆殺」浮かぶ異論

満州（中国東北部）の中心都市のひとつ、奉天（現瀋陽）には、戦前から何本かの鉄道が通っていた。中でも幹線と言えば日本が経営する南満州鉄道（満鉄）線と、北京・奉天を結ぶ中国側経営の京奉線だった。その両線がクロスしている地点が市内にあり、上を南北に満鉄線、下を東西に京奉線が走っていた。

1928（昭和3）年6月4日午前5時23分、この交差地点で大爆発が起き、差しかかった京奉線の18両編成の列車のうち数両が大破した。最も破損の激しかった展望車には、中国北京政府の陸海軍大元帥を名乗る張作霖が乗っていた。張は重傷を負い、第5夫人宅に運び込まれたが、2時間後に絶命する。

馬賊出身の張作霖は満蒙（満州と内モンゴル）を支配下に治めたあと、山海関を越えて華北へ進出する。中華民国最大の実力者、袁世凱亡き後、軍閥同士の争いに勝ち、北京政府のトップに立つ。日本の関東軍も、満州での利権を守るため後ろ盾となっていた。

だが1927（昭和2）年に始まった国民政府の蒋介石による3回目の北伐で地位を脅かされる。翌年5月、北京陥落は確実な情勢となり、張作霖は日本の勧告を受け6月3日未明、北京をたち、28時間後に爆殺された。

関東軍の参謀・河本大佐の犯行とされる

満州の将来を揺さぶる大事件だった。だが一体誰が何のために爆破したのか分からない。日本では当時関東軍の高級参謀だった河本大作大佐が疑われたが、本人は否定、あいまいなまま「満州某重大事件」として処理された。

河本による犯行とされたのは戦後である。中国で中国共産党に逮捕された河本が「自白」したのをはじめ、さまざまな「証言」が出てきたからだ。

張作霖が満州に帰ることで関東軍との対立を恐れた河本が部下に命じクロス地点の線路脇に爆薬を仕掛け、張作霖の列車が通りかかった時間に爆破させたというのである。それが「歴史的事実」として定着してきた。

ところが最近になってこれを真っ向否定する説が登場している。きっかけは中国人

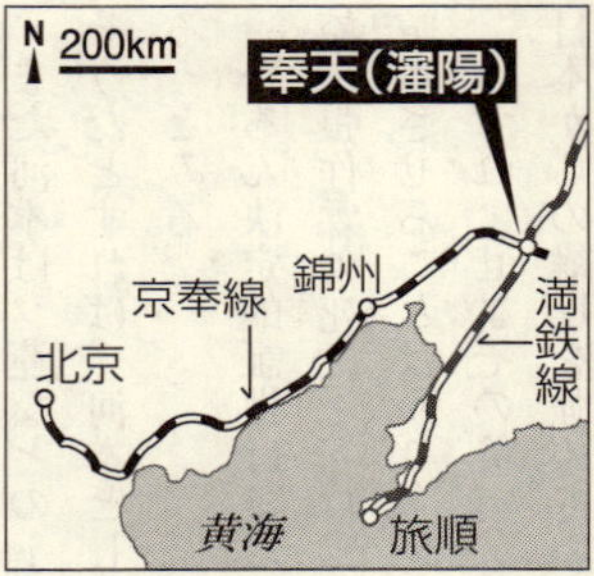

のユン・チアン氏と英国人、ジョン・ハリデイ氏の『マオ　誰も知らなかった毛沢東』に、爆殺は関東軍の仕業に見せたソ連によるものだとサラリと書かれていたことだ。

２０１１年に刊行された加藤康男氏の『謎解き「張作霖爆殺事件」』は『マオ…』の典拠で、ロシアの歴史家、プロホロフ氏らが旧ソ連の諜報機関について書いた『ＧＲＵ帝国』に当たる。さらに、英国公文書館に残されている当時の駐北京英国公使から外相に宛てた公電を分析、ソ連諜報機関による犯行説を肯定的にみる。

とりわけ英国の公電は、満州に野望を抱くソ連が、邪魔になる張作霖を除いた可能性を強く示唆しているという。

爆弾は列車の天井に？　ソ連が怪しいとする説も

加藤氏によれば、残された現場写真を見ると大爆発にもかかわらず線路脇に穴が開いていない。走る18両編成の列車のうち、張の乗った車両を的確に爆破するのは不可

爆殺された張作霖大元帥

能に近い。だから列車を大破したのは線路脇の爆薬ではなく、列車の天井に仕掛けられた爆弾だったとほぼ断定した。

さらに張作霖の長男、張学良が1年前には蒋介石の国民党に入党しており、共産党とも接近していたと指摘、張学良がソ連側とも内通し、父の爆殺に関与していたことまで示唆している。

また河本はソ連などのトラップ（わな）にかかり偽装爆発の役を担わされたとする。そうだとすれば、河本としても威信にかけ、自らやったと認めざるを得なかったのだろうとみる。

むろん決定的証拠はまだない。だが東洋史家の宮脇淳子氏は『真実の満洲史』の中で、張作霖の死により日本人は全然得をしていないことを強調、「中国人と日本人を喧嘩《けんか》させることばかり考えていた」ソ連が「ぜったい怪しい」と書いている。

いずれにせよその後、父に代わり満州の軍を握った張学良は、国民政府への傾斜と日本からの離反を強めていく。

▼張学良の易幟《えきし》

張学良は父の死を受けて１９２８年７月、奉天で自ら東三省保安総司令に就任し、いわゆる奉天派軍閥を握ることに成功する。それから半年近い12月29日朝、奉天城内外に国民党政府の青天白日満地紅旗を掲げ、それまでの五色旗を降ろさせる。有名な張学良による易幟（旗幟を変えること）で、蔣介石の国民政府軍の軍門に下ったことを裏付けた。実際、張学良は10月段階で国民政府の委員に任じられていた。なお加藤康男氏によれば国民政府の旗に加え、多くの赤旗も交じっていたということで、コミンテルンの濃い影をうかがわせている。

1931年9月18日

ソ連が進出すれば国益を失う

危機意識が招いた満州事変

昭和6（1931）年9月19日午前6時半、放送を始めて数年しかたっていないラジオが、ラジオ体操の番組を中断して「臨時ニュース」を伝えた。満州（中国東北部）の奉天（瀋陽）郊外で、日本と支那（中国）の軍隊が衝突したという「満州事変」の一報だった。

事件が起きたのは前日9月18日の午後10時20分である。奉天駅から東北に8キロほど離れた柳条湖という場所で、南満州鉄道（満鉄）の線路が何者かによって爆破されたのだ。

被害は小さかったが、この付近で満鉄の警備に当たっていた日本の関東軍独立守備隊は張学良率いる東北辺防軍（東北軍）の仕業だとして、東北軍が駐屯する近くの北大営を攻撃、占拠した。

「衝突」の事実は直ちに、旅順にあった関東軍の司令部に打電された。本庄繁軍司令官は、深夜にもかかわらず参謀ら幹部に非常呼集をかける。まだ詳しい状況もわからないうえ、東京の政府や陸軍中央の意向も伝わってこない。どう動くか、迷いを見せる本庄に対し、作戦主任参謀の石原莞爾中佐は「もはや一刻の猶予もない」と大規模攻撃を進言した。

本庄は「よろしい。本職の責任においてやろう」と決断した。石原が戦後、東京裁判の酒田法廷での証言で明らかにしたことだ。

日本陸軍の天才といわれた石原莞爾

石原の生涯を描いた福田和也氏の『地ひらく』によれば、石原は本庄の許可を得た後、メモひとつ見ず、電報や電話で満鉄沿線の各連隊や独立守備隊を次々に出動させていく。19日昼ごろには奉天を制圧、同日中には沿線の主要都市をほとんど占領してしまった。

当時の関東軍は約1万4千人だった。これに対する張学良軍は19万といわれた。「事件」が起きたとき張は11万あまりを率いて北平（北京）におり不在だった。とはいえ「天才」といわれた石原らしい水際だった指揮だった。

柳条湖の爆破も関東軍、事変は石原らの「謀略」が定着

あまりの手際のよさに柳条湖での爆破も関東軍によるもので、事変は全て石原らの「謀略」だったとする見方が定着してきた。

石原やその盟友の高級参謀、板垣征四郎大佐らが事前に、満州を制圧するための作戦を綿密に練っていたことは事実だ。だが満鉄線爆破については「謀略」説を疑う声も根強い。

張作霖爆殺事件でも関東軍犯行説をほぼ否定した近代史家、加藤康男氏は月刊誌『W・i・L・L』1月号（2013年）での討議で、東京裁判でも関東軍による爆破を裏付ける証言がなされていないなどの事実を挙げ、強い疑問を投げかけている。

一方、当時の若槻礼次郎民政党内閣は事件後、19日朝開いた臨時閣議で、国際協調路線の幣原喜重郎外相が関東軍による「謀略」を示唆、不拡大方針を決める。だが関東軍の石原や板垣らは「ここで足を止めれば日本が国際的非難を浴びるだけだ」と突っぱねる。

さらに林銑十郎司令官の朝鮮軍も政府の方針を無視して国境を越え援軍にかけつける。こうして満州全域の支配に成功した。このため「関東軍」は、上の命令に従わず「暴走」することの代名詞になった。だが「暴走」の背景には緊迫した満州の状況があった。

反日・排日が強まり、日本人が安全に暮らせない…

日本政府や関東軍としては、満州を事実上支配していた軍閥の張作霖やその長男、張学良を手なずけることで、満鉄を中心とする日本の権益を守る方針だった。

だが張作霖の死後、張学良が蔣介石の国民政府の傘下に入ると、張学良軍や満州の中国人による反日・排日姿勢が強まり、日本人の安全は脅かされる。日本が抗議した事案だけで3千件を超した。

石原は戦後、東京裁判での証言で、それは「一触即発あたかも噴火山上にあるままに放置されていた」と述べている。さらに「単なる外交交渉による日本権益の保持は期しがたかった」としたうえで、こうも指摘した。

「日本が満州より全面撤退したなら、単に権益を失うばかりでなく、ソ連が満州に進出し、日本全体がその国防を全うし得ず…」

とても「謀略」や「暴走」では片付けられない危機感が渦巻いていたのである。

▼関東軍

日露戦争後、中国・遼東半島の租借《そしゃく》権を得た日本はこの地を関東州として、関東都督《ととく》府を置いた。その陸軍部が関東州や経営権を得た南満州鉄道とその付属地の警備に当たったが、大正8年独立して関東軍となった。当初は内地から交代で派遣される1個師団や満州独立守備隊などからなった。司令部ははじめ旅順にあったが、満州事変勃発とともに長春（新京）に移る。昭和7年の満州国建国後は司令官が駐満特命全権大使を兼任、満州国に絶大な影響力を持った。戦力は徐々に拡充されたが、第二次大戦末期のソ連軍の満州侵入で一気に瓦解《がかい》した。

1932年3月1日

涙を呑んで「領有」を断念

満州国建設で国際連盟脱退

満州事変勃発から4日後の昭和6（1931）年9月22日、事変の「当事者」である関東軍は、三宅光治参謀長以下、板垣征四郎高級参謀、石原莞爾参謀らによる幕僚会議を開いた。

電光石火に主要都市を陥落させた満州（現中国東北部）での次の戦略が議題だった。この席で石原らが当初から計画していた「満州領有」を断念し、親日的な「独立政権」をつくることに方針転換した。「独立国家」とは言ってないが、含むところは「満州国」の建設だった。

事変勃発からわずか4日後に、関東軍が「後退」を余儀なくされた最大の理由は、日本政府の対応だった。

若槻礼次郎内閣は事変翌日の19日午前の閣議で、これまた電光石火に「不拡大」の方針を決めた。関東軍の「暴走」を阻止するため満州に派遣されていた陸軍参謀本部の建川美次作戦部長も「止め男」の役割は果たさなかったものの、領有には強く反対した。

政府を押し切れると踏んでいた石原らにとって計算外だった。満州全土の制圧は強行できても、これでは政府や軍中央から軍費、兵員、兵器の補充が不可能となり、予想される中国・張学良軍の反撃に耐えられない。

「五族協和」、「王道楽土」の理念で新国家をアピール

方針転換に、石原だけは不満だったという。石原にとって満州領有は日本の権益維持だけでなく、持論の「最終戦争」を戦うためにも必要だったからだ。

石原によれば、日露戦争から第一次大戦への流れでいずれ東の覇者・日本と西の覇者・米国とが最終的に戦うのは必至だ。日本が勝ち抜くには、将来性豊かな満州で力をため込まねばならない。「占有」でなければそれは不可能と考えたのだ。

だがその石原もこれを受け入れる。「万斛《ばんこく》の涙を呑《の》んで」と言ったという。中国人の統治能力に疑問を持ち、占有論を唱えていた石原が、その考えを変えたからだとも される。

満州国建国に踏み切った関東軍は漢・満・蒙・日・朝の「五族協和」や「王道楽土」といった理念で新国家をアピール、昭和恐慌の不況から抜け出せない日本の国民の「期待」を得ていく。

一方で11月には新国家の柱とすべく清朝の最後の皇帝、溥儀を幽閉先の天津から脱出させ、満州に迎え入れた。そして翌昭和7（1932）年3月1日、満州国の建国を宣言する。

首都は中心都市、奉天の北の長春に定め新京と改称、溥儀を執政（後に皇帝）とし、立法、行政、司法の機能を持つ近代国家の装いでスタートを切った。

満州国の執政に担がれた溥儀。後に満州国皇帝に就く

だが当然のことながら、強引ともいえる建国に、中国をはじめ国際社会の反発は強かった。中国からの提訴を受けた国際連盟は、英国のビクター・リットン卿を委員長に仏、独、伊、米の代表からなる調査団を2月末から日本と満州などに派遣、満州事変と満州国について事情を調べた。

連盟脱退を世論は「快挙」と称賛

報告書は10月初め公表される。満州国については「現地民の自発的運動によって樹立されたものではない」と、日本側の主張を退けた。一方で「満州の自治」や「満州における日本の利益」を認めていた。「日本の利益」を守るための関東軍の存在も認めることになり、日本にとって必ずしも不利な報告書ではなかった。

だが、満州国の正当性は譲れないとする日本は、報告書が欧州からの目線だけで書かれているとして反発、報告書公表前の9月、斎藤実内閣の内田康哉外相が満州国承認を発表してしまった。

このため欧州各国などの反発は一段と強まる。翌1933（昭和8）年2月の国際連盟臨時総会では、満州国を不承認とするリットン報告書を42対1の圧倒的多数で可決した。日本の全権代表、松岡洋右は連盟脱退を宣言、会場を後にする。

脱退は松岡個人にとって本意ではなかったとされる。だが日本の世論は脱退を「快挙」とし、松岡を英雄とたたえる具合で、もはや後に引きようはなかった。

▼**国際連盟**　第一次大戦の惨禍を繰り返さないため1920年のベルサイユ条約発効ととも

に、設立された。当初は戦勝国など42カ国でスタート、日本は英、仏などとともに常任理事国として加わり、新渡戸稲造らが事務次長をつとめ積極的に貢献した。

だが主唱者だった米国が国内の孤立主義の台頭で不参加となるなど、初めから存立は危うかった。加えて1933年、日本、ドイツが脱退、さらにイタリアも1937年、エチオピア併合問題で脱退するなどで急速に形骸化した。第二次大戦後、新たな国際連合（国連）にその任務を譲り、消滅した。

1937年7月7日

双方の強硬論が事件を拡大

盧溝橋の1発で日中衝突

中国・北京の中心部から南西十数キロ、永定河という川にかかる盧溝橋《ろこうきょう》は、マルコ・ポーロが「東方見聞録」で絶賛したことから、マルコ・ポーロ橋とも言われる。昭和12（1937）年7月7日、この橋の近くで日本軍と中国軍との間で衝突が起きた。橋が舞台になったわけではないが、付近一帯が「盧溝橋」と呼ばれていたこともあり、日本では「盧溝橋事件」と言われてきた。

この日の深夜午後11時ごろ、少し上流東側の荒れ地で夜間演習中の日本の支那駐屯歩兵第一連隊第三大隊に属する第八中隊が、背後の堤防上から銃撃を受けた。発砲したのは、中国・冀察《きさつ》政務委員会麾下《きか》の第二十九軍第三営（大隊）とされる。冀察とは「河北省（冀）と当時のチャハル省（察）」という意味である。

日本軍が北京郊外に駐屯していたのは明治34（1901）年、義和団事件後の条約で認められており、英国など各国の軍同様、現地で演習も行ってきた。

発生当時、第八中隊では初年兵が行方不明（まもなく発見）になっており混乱したが、報告を受けた第三大隊は8日午前5時過ぎから中国軍への攻撃を開始、夕方まで戦闘が行われた。

中国側が先に発砲、根強い共産党の謀略説

事件をめぐって、どちらが先に発砲したかについて長年、日中双方で議論が行われてきた。しかし二十数年前、第三営の指揮をとっていた金振中営長が手記を公表、この中で「日本軍が近づいたら銃撃してもよい」と命じていたことが分かり「中国側の第一発」でほぼ決着した。

だが日本では、「西安事件」以来、国民党と日本を戦わせようとしていた共産党の党員が国民党軍の第三営にもぐりこみ、発砲したとの説も根強い。

いずれにせよ「衝突」は小規模だった。日本の陸軍中央は石原莞爾参謀本部作戦部長らにより「不拡大」方針がとられた。

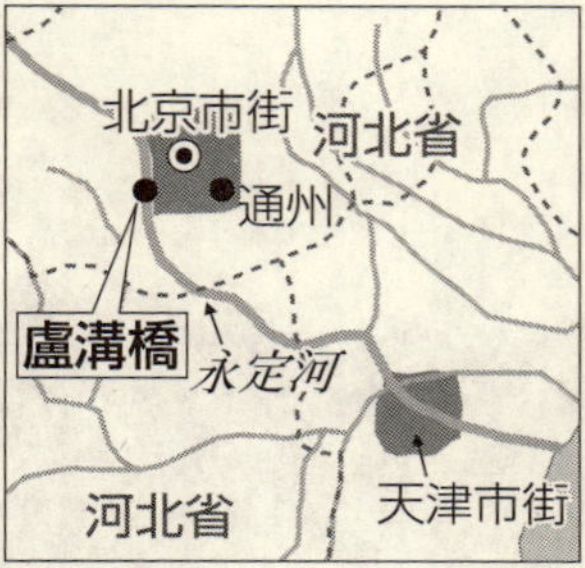

上流で軍同士の衝突が起き日中戦争のきっかけとなった盧溝橋。現在は観光地化している

その上で支那駐屯軍と冀察政務委員会との間で協議が行われ、11日には停戦協定が結ばれ、双方の軍はそれぞれの駐屯地に引き揚げた。これで一段落と思われたが、日中双方の政府の強硬姿勢が事態を深刻化させていく。

日本政府は不拡大方針にもかかわらず、新たに3個師団の現地への派遣を決める。その背景には二・二六事件鎮圧で陸軍の主導権を握った統制派内部の対中国政策をめぐる対立があった。

当時、関東軍参謀長だった東条英機や参謀本部作戦課長の武藤章らは、反日を強める国民党や中国共産党に対し「軍事的一撃を加えれば片付く」という「一撃論」をとった。その根底には強い中国蔑視があった。

これに対し石原らは「中国は決して侮《あな》れない。戦うのを避け本来の敵であるソ連に備えるべきだ」と唱えていた。両者は盧溝橋事件の処理をめぐっても対立、結局武藤らが押し切る形で軍事圧力を強めることになったのである。

一方、その中国国民政府の蔣介石総統には、北京（当時は北平）を中心とする河北省など華北地方を掌握しきれない苦衷と焦りがあった。

華北をめぐっては、満州国との間に「緩衝地帯」を置きたい日本の関東軍が昭和11年11月、北京城外の通州を「首府」とする親日的な冀東《きとう》（河北省東部）防共自治政府を発足させた。これに対し国民政府も軍人の宋哲元を委員長として、北京に冀察政務委員会を設けて関東軍との緩衝政府とし、その南下を防ごうとした。このため日中間には一応の「平和」があった。

反日姿勢を強めた蔣介石が攻撃を宣言

しかし西安事件以来、反日姿勢を強めた蔣介石は、盧溝橋事件の処理をめぐり宋哲元が日本に取り込まれると疑念を抱く。事件後、江西省廬山での会議で有名な「最後の関頭（せとぎわ）演説」を行い、日本への攻撃を宣言する。

「今や敵は北京の入り口まで迫ってきた。このままでは北京は第二の瀋陽（満州事変で関東軍の手に落ちた奉天）になる」

これを受けて、冀察政務委員会も二十九軍も反日攻勢へとカジを切っていく。

▼西安事件

1936（昭和11）年12月12日、陝西省西安を訪れた蒋介石を、張学良が監禁する事件が起きた。満州（中国東北部）で東北軍を率いていた張学良は国民党の傘下に入り、満州事変後は共産党掃討に当たっていた。一方で共産党とも通じており、監禁により蒋介石に、共産党との内戦よりも抗日戦に立ち上がるよう迫った。

共産党の周恩来も西安を訪れ、蒋介石が抗日を約束することで解放するよう調停した。この結果、国民党は盧溝橋事件や上海事変など対日強硬姿勢に変わるが、さらにその背景には、日本と中国とを戦わせたいソ連の強い意図が隠されていたことは間違いない。

1937年7月29日

日本人二百数十人殺害される

通州事件で戦火は拡大

盧溝橋事件が起きた昭和12（1937）年7月当時、北京（当時は北平）市街の東にある通州という町に、約400人の日本人が住んでいた。

前述のように、通州には日本軍と中国軍との「緩衝」として日本が親日家の殷汝耕《いんじょこう》に組織させた冀東（河北省東部）防共自治政府があった。軍隊は約100人の日本の守備隊と国民党の第二十九軍、それに冀東防共政府の保安隊約3千人が駐留していた。ところが盧溝橋事件から22日後の7月29日、その保安隊が日本人や日本軍を襲い、二百数十人を殺害するという残虐な事件が起きた。「通州事件」である。

盧溝橋事件の後、日中は停戦協定を結び、華北も小康状態となっていた。しかし7月25日と26日、日本軍が中国軍に襲われる事件が起きたため、日本の支那駐屯軍は全面的に反撃、28日中に北京から天津までを制圧、通州の中国軍も撤退させた。

上海派遣軍を率いた松井石根陸軍大将。戦後戦犯として処刑される

安心したところを「身内」の防共政府の保安隊に襲われたのだ。彼らは盧溝橋事件で蒋介石の国民党軍が反日姿勢を強めたのを見て、国民党に内応し、攻撃のチャンスを狙っていたとされるが、日本からすれば「裏切り」だった。

しかもその暴虐ぶりが日本に伝えられると、世論は「暴支膺懲《ぼうしょうちょう》」（暴れる支那をこらしめる）に染まり、軍内部でも強硬派が勢いを増す。一方で中国軍の反日攻勢も収まらず、ついに国際都市、上海に飛び火した。

通州事件から11日後の8月9日、上海の虹橋飛行場付近で、日本の海軍上海陸戦隊、大山勇夫中尉の車が中国の保安隊に銃弾を浴びせられ、大山中尉と運転手が死亡した。

近衛首相が「支那軍を膺懲」と声明、日中戦争に突入

海軍は上海在住の日本人を保護するため11日、佐世保から軍艦21隻と3千人の特別陸戦隊を派遣し上陸させた。しかし中国軍はこの時点で15万人が上海に結集しつつあると言われ、とても陸戦隊だけでは対抗できない。

このため政府は13日の閣議で、陸軍の内地２個師団を上海派遣軍として向かわせることを決める。軍司令官には、予備役に編入、つまりいったん現役を退いていた松井石根《いわね》大将が命じられた。

さらにこの日、首相の近衛文麿は「支那軍の暴虐を膺懲し、もって南京政府の反省を促す」との声明を発表、全面的な日中戦争（当時の日本側呼称は支那事変）に突入していく。

８月28日、上海派遣軍は長江河口域の呉淞付近から上陸、中国軍と激しい戦闘を繰り返しながら10月下旬までには、上海北西部をほぼ手中に収め、市内に上海派遣軍の司令部を設けた。

しかし中国軍の抵抗も根強く、膠着《こうちゃく》状態となったため、日本は新たに第十軍（柳川平助軍司令官）を編成、投入することを決めた。第十軍は11月５日、上海南岸の杭州湾から電撃的に上陸を果たし、中国軍の背後を突くように上海市内に向け進軍を始めた。

翌６日には上海の空に「日軍百万上陸杭州北岸」というアドバルーンが揚がった。日本側が敵の戦意を失わせるため揚げた文字通りのアドバルーン作戦で、むろん「百万」は大風呂敷だった。

だがこれを見た中国軍は国民政府の首都である西方の南京方面に向け退却を始めた。日本軍は発生以来約3カ月で上海の完全制圧に成功したが、この間に1万人近い戦死者を出していた。第十軍は上海派遣軍に吸収される形で新たに松井を軍司令官とする中支那方面軍が編成される。

南京攻略に慎重論、しかし歯止めはかからず

問題はこの後、どこまで攻撃するかだった。現地軍には一気に南京も陥落させるべきだとの考えが強かった。しかし多田駿《はやお》参謀次長ら陸軍中央は戦闘地域を上海地域に限定、その間に南京政府と交渉を進める意向だった。

松井も南京攻略は時期尚早とこれを認め、上海西側の蘇州―嘉興を結ぶラインを「制令線」と定め部隊をその東側にとどめた。

だが東京の軍中央や現地軍とも内部の意思疎通が十分でない中、第十軍が突然西進を始めたことで戦火はいよいよ歯止めがかからなくなった。

▼**第1次上海事変**　1932（昭和7）年1月18日、中国の上海で日本人の僧侶たちが襲われ、1人が死亡した。これに対し日本は海軍の陸戦隊が出動したが、上海で抗日運動

を続けていた中国の第十九路軍に反撃されて苦戦、犬養毅内閣は2月2日、陸軍の出動を決めた。

上陸した陸軍は20日から総攻撃をかけたが、これも苦戦に陥る。軍中央はさらに第十一師団を中国軍の背後に上陸させ、ようやく退却させた。この後5月5日に停戦協定が成立するが、日本軍は８００人近い戦死者を出した。後に昭和12年の上海での戦闘と区別するため、第1次上海事変と呼ばれる。

1937年11月-12月

指揮官遁走で中国兵は混乱

南京事件、市民の被害はゼロ?

『戦跡に祈る』などで知られる戦史家、牧野弘道氏は著書に「戦争とは、ドミノ現象みたいなものだ」と書いている。一カ所を占領すると、こんどはそこを守る必要からさらにその先を攻め、前進基地を設置しようとするという。

それは昭和12(1937)年11月12日、中国・上海を完全制圧した後、息つく間もなく南京攻略に向かった日本軍にも言える。

上海制圧後、上海派遣軍と新たに攻撃に加わった第十軍とで中支那方面軍が編成され、松井石根大将が総司令官となる。松井はもともと国民政府の首都、南京を攻めるべきだとの考えだった。しかし兵の疲労もあり時間を置いた方が良いと判断していた。

東京の陸軍参謀本部も、このあたりで国民政府との交渉に持ち込むべきだとの考えが強く、軍を嘉興と蘇州を結ぶ南北ラインの東側にとどめるとした。

ところが制圧からまだ1週間の11月19日、第十軍がこのラインを越え、南京に向け進軍を始めてしまった。「敵がバラバラになっている今こそ、南京を落とす唯一のチャンスだ」というのが、柳川平助軍司令官らの考えだった。

松井は当初これを抑えようとしたが、第十軍はもう、嘉興から湖州、溧陽など太湖の南側を通るルートで「快進撃」を続けており、止められない。

ラインを突破して攻撃、東京の大本営も追認

結局松井が参謀本部に南京攻略の許可を求め、これを追認する。東京の大本営も12月1日、正式に南京攻略を命令することになった。満州事変以来の陸軍の命令系統の乱れもまた、南京戦を生んだ要因のひとつといえる。

一方の南京もこの時期、混迷していた。国民政府の蒋介石主席は防衛戦に消極的で、南京を放棄して「開放都市」として国際管理に任せる案もあった。それなら日本軍も攻撃できないからだ。ところが軍の重鎮である唐生智が徹底抗戦を主張したため、蒋介石は彼に南京の守備を任せ、７日には夫人とともに南京を脱出、重慶に向かってしまった。

南京に迫った日本軍は９日、飛行機から降伏勧告文をまき、回答がないとみると、

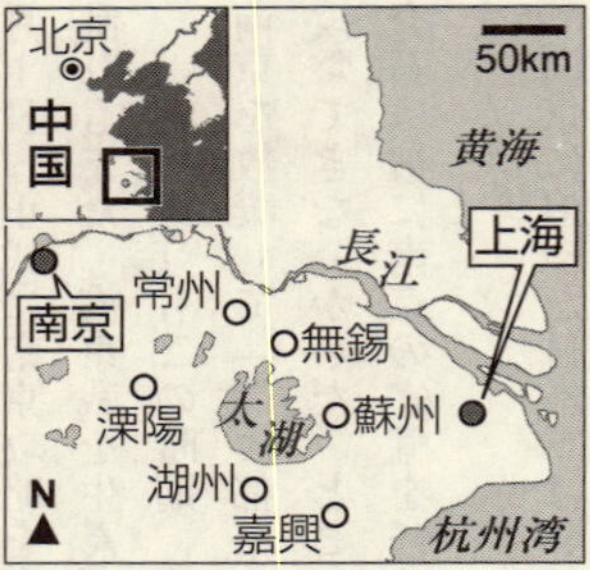

10日一斉に攻撃を開始した。中国側も反撃を繰り返したが、肝心の唐生智も、12日夜、長江を渡って脱出する。

このため南京城内の中国兵はいっそう混乱に陥る。退却しようとする中国兵を、別の部隊が殺害するという事態も生じた。さらに多くの中国兵は軍服を脱ぎ捨て便衣（平服）に着替え、城内に設けられた安全地帯に逃げ込んだ。

安全地帯は日本軍の攻撃を前に南京在住の外国人（主に欧米人）が、一般市民の避難のため設けた難民地区である。縦3・2キロ、横1・6キロほどの広さだった。

日本軍は13日までにほぼ全門を制圧、城内に入った。一般市民の多くは、城外や安全地帯に避難し閑散としていた。だが安全地帯では逆に「便衣兵」たちが抵抗の姿勢を示した。

日本軍は14日あたりから掃討戦を行い、便衣兵と見るとその場で殺害したとされる。なお便衣兵のように一般市民を装って戦闘に参加することは、戦時国際法のハーグ陸戦法規で禁じられていた。

城内外の局地戦で日本軍に捕まり、正当な裁判も経ずに殺された捕虜もいたという。こうしたことが後に欧米のジャーナリストを通じ「南京大虐殺」として報じられ、戦後の東京裁判でも松井らが罪に問われた。

「虐殺」の数には大きな差、意図的に誇大宣伝か

しかしその数については現在でも中国当局や日本の研究者らの間で大きな差がある。特に便衣兵ら戦闘員以外の一般市民の被害については、信用できる証言は少なく、日本側では「ほぼゼロに近い」と否定的見解が多い。

さらに『戦争とは何か』という本で「大虐殺」を報じた英国のジャーナリスト、ハロルド・ティンパリーについては、中国国民党の中央宣伝部との繋《つな》がりも指摘され、中国側により意図的に誇大に宣伝されたと言っていい。

それでもこの南京攻略が、中国はもとより、日本の中国利権独占を警戒する米、英など欧米を「反日」に駆り立てることになったことも事実だ。

▼欧米人の「南京」

陥落当時の南京には米国、英国などの新聞記者、学者、宣教師らが多かった。彼らは陥落とともに次々と脱出してゆき、その「伝聞」情報から日本軍の「大

虐殺」説が広まった。このため欧米では今でもこれを信じ込んでいる人が多い。

しかしザ・タイムズやニューヨーク・タイムズの東京支局長をつとめた英国人のヘンリー・ストークス氏は、近著『連合国戦勝史観の虚妄』で、史料を調べなおしたうえで「大虐殺」を「情報戦争における謀略宣伝だった」と断じる。南京の欧米人は中国国民党の中央宣伝部に取り込まれていたとみている。

1938年1月16日

「国民政府を相手とせず」の声明

和平の道を断ち泥沼化

昭和12（1937）年、盧溝橋事件で日中戦争（支那事変）に火がついたとき日本の首相は近衛文麿だった。藤原氏の直系で公家筆頭とされる近衛家の嫡男、一高―東大・京大と進んだエリート、180センチと当時としてはずば抜けた長身、しかも12年6月、首相就任時は45歳の若さで、国民的人気を得る条件を全て備えていた。

だがいったん戦時になると、政治家としての経験が浅く軍歴もない首相は、現地の軍はもちろん軍の中央も抑えられず、戦線拡大をズルズル許してしまう。

むろん和平交渉を怠っていたわけではない。上海戦が膠着状態となっていたこの年の11月、駐日大使、ディルクセンと駐中国大使、トラウトマンのラインでドイツに斡《あっ》旋《せん》を依頼する。「条件」は従来の主張に沿い「華北の行政権を南京（国民）政府に返す」ことを中心としていた。

トラウトマンはこれを国民政府の蒋介石に伝えるが、蒋側は「戦争が激しい最中に調停が成功するはずはない」と日本側にまず停戦を求めた。

行政権の「返還」から「特殊地域化」に変更

だが日本は上海を陥落させ、さらに続けて南京へ「進撃」を始めている。蒋介石も徹底抗戦の意志を固めており、調停は不調のままだ。日本は12月22日には、南京を攻略した勢いで新たな和平案をディルクセンに提示する。「華北の行政権を南京政府に返す」だった前案から「華北を特殊地域化する」と修正していた。

「特殊地域化」は華北に満州国をつくるようなもので、「返還」とは百八十度ほど違う、強硬姿勢だった。しかも翌13（1938）年1月15日を回答期限としたが、蒋介石がこれで妥協するわけもなく、明確な回答はしなかった。これを引き延ばし策とみた日本政府は翌1月16日、近衛の名で声明を発表する。

「帝国政府は南京攻略後、中国国民政府に反省の最後の機会を与えたが、みだりに抗戦を策している」などとした後「爾後《じご》国民政府を対手（相手）とせず」と言い切ってしまった。

この声明を決めた15日の政府と大本営との連絡会議では、大本営側の陸軍参謀本部が交渉継続を主張したのに対し、近衛をはじめ政府側が「断交」で押し切ったのだという。自ら和平の機会を絶ってしまう痛恨事だった。

とはいえ、日本が和平を完全に捨てたわけではなかった。とったのは国民政府内の親日・和平派に新政府をつくらせ、新政府と交渉をしようという策だった。

新たな「対手」として選んだのは国民政府のナンバー2、もしくは蒋介石のライバルと見られていた汪兆銘（汪精衛とも名乗る）である。かつては左派の指導者だったが、盧溝橋以降は和平派に転じ蒋と対立していた。

汪は日本の陸軍参謀本部謀略課長、影佐禎昭らの工作により１９３８年12月、国民政府が新たな拠点としていた中国の重慶を脱出、ベトナムのハノイなどを経由して翌年5月、上海に着いた。

その後、曲折を経て１９４０（昭和15）年3月30日、日本軍の保護のもと、南京に新中央政府を樹立、日本との「和平」を進める。だが国民政府や共産党がこれを認めるはずもなく、新政

日中戦争勃発時の首相だった近衛文麿。「相手とせず」声明で泥沼化を招いた

府は中国内部で孤立し、日本の思惑は崩れた。

「東亜新秩序」を呼びかけ、米英の反発を招く

一方で近衛は昭和13年11月、第2次近衛声明を発表する。日中戦争後の東アジアに日本、満州、中国3国を統合した経済圏をつくろうと呼びかけるもので「東亜新秩序」と称した。後の「大東亜共栄圏」につながる発想だった。

しかしこれは、中国大陸に権益を持つ英国や、門戸開放を唱えて市場を求めようとする米国の反発を招いた。特に南京戦以来、反日に傾いていた米国との関係悪化は決定的になる。

米国は1938年、ビルマから中国南部雲南省を通り重慶にいたる「援蒋ルート」を開発、公然と蒋介石軍を支援し始めたほか、翌年7月には日米通商航海条約の廃棄を通告する。日本はこうした動きに敏速に対応できないまま、ズルズルと、大きな戦いに巻き込まれていく。

▼その後の汪兆銘政権　1940年11月29日、南京国民政府の主席に就任した汪兆銘は翌日、日本との間で華日基本条約を結んだ。41年6月には日本を訪問、近衛とともに、日中戦

争解決やアジア復興をうたう共同宣言を発表するなど、日本との「親交」を深めた。日本が米英と開戦した後の43年11月には、日本主宰の大東亜会議に出席した。

しかし44年11月、手術を受けるために入院していた名古屋の病院で客死する。南京政府は側近の陳公博が継いだが、日本の敗戦とともに政府は崩壊し陳は日本に亡命、その後重慶政府に呼び戻され、銃殺刑に処せられた。

第5章

軍部強硬派の台頭と外交の蹉跌

1932年5月15日

農民も加わった五・一五事件

政治テロが「義挙」に

満州国の建国が宣言されて2カ月半後の昭和7（1932）年5月15日、東京でとんでもない事件が起きた。

午後5時半ごろ、海軍将校ら9人が二手に分かれ、首相官邸を襲った。日曜日で警護は比較的緩やかだったが、警官を銃撃し、犬養毅首相がくつろいでいた和室になだれ込んだ。

「まあ待て」「話せばわかる」と落ち着かせようとする76歳の老首相に、将校らは「問答無用」と容赦なく銃弾を浴びせて去った。犬養は約6時間後に絶命した。

官邸ばかりではなかった。同時多発的に東京都内の牧野伸顕内大臣邸、警視庁、政友会本部などに手榴弾《しゅりゅうだん》が投げ込まれ、数カ所の変電所が襲われた。内大臣は天皇の側で常時補弼《ほひつ》する役職である。

しかし官邸以外では大きな被害はなく、犯人グループは順次憲兵隊などに自首した。三上卓中尉、古賀清志中尉、中村義雄中尉ら海軍将校6人、陸軍の士官候補生11人らだった。

事件は当初、井上日召らの血盟団と藤井斉《ひとし》ら海軍の急進派将校らによって計画され、この年の2月に政財界の要人らの暗殺を目指していた。しかし藤井が上海事変（第一次）で出征、戦死したため変更、古賀や中村ら海軍側が中心となり五・一五事件を起こし、血盟団の一部もこれに加わっていた。

当然のごとく事件は大きな衝撃を与えた。現職首相が襲われたのは原敬、浜口雄幸以来だったが、原と浜口の場合は民間人による単独犯行として処理された。だがこの事件は現役軍人が首相を暗殺する計画的な政治テロだった。

背景に政党政治への不満と農村の疲弊

しかも事件後、政友会総裁だった犬養の後任の首相に海軍出身の斎藤実が指名され、戦前の政党内閣に終止符が打たれた。このことで、直後の世論は「軍の横暴」を強く批判した。

だが裁判が始まるや、大きな変化を見せる。事件を起こした理由として、政党政治

暗殺された犬養毅。戦前最後の政党人首相となった

や満州事変への政府の対応に対する批判のほかに「農村の疲《ひ》弊《へい》」が挙げられたからだ。特に衝撃を与えたのは事件に農民7人による「農民決死隊」が加わり、変電所襲撃を行っていたことである。

指導者は茨城県に「愛郷塾」という農民結社をつくっていた橘孝三郎だった。橘は「都市と資本主義が農業を破壊している」と政府を激しく批判、農村救済運動を展開していた。そのためやはり、農本主義や農村救済をかかげる井上日召や、古賀ら海軍急進派と接近していた。

橘自身は暴力を否定していた。しかし古賀らの決起計画を知ると「彼らは農民のために死のうとしている」とし、愛郷塾の若い農民らに参加を呼び掛けた。変電所を襲撃したのは、電力を奪うことで「都市を破壊」しようとしたためだった。

一方、海軍の三上も裁判で「疲弊の極みにある農村を救って…」と陳述した。

全国から減刑嘆願書、禁錮15年の軽い刑に

確かに昭和に入っての恐慌や浜口政権の緊縮政策で農村は苦しんでいた。「農村の学校では4人に1人は弁当を持ってこられない」などといった報告も多かった。

このため次第に軍人による「暴挙」も「農村のための義挙」とみられるようになり、全国から減刑嘆願書が寄せられた。

翌昭和8年11月、海軍軍法会議では最高刑が禁錮15年という「軽い」刑が申し渡された。三上は戦後もクーデター未遂事件に関わるなど活動を続けた。

裁判の影響は大きかった。東大名誉教授の小堀桂一郎氏は産経新聞社『運命の十年』の中で、この事件と約4年後の二・二六事件を対比してこう述べている。

「二・二六事件を起こした青年将校達は（五・一五事件の）その甘さを見てゐた。正義を唱へれば民衆の支持が得られ…自分達の犯罪も『義挙』に昇格し…許され認められると安易に信じてゐたのであつたらう」

その上で事件を裁いた軍部にも社会全体にも、武士が守るべき道徳である「弓馬の道」が欠けていた、と断じる。

▼血盟団事件

五・一五事件の少し前、昭和7年2月9日、前蔵相の井上準之助が、3月5日

には三井合名理事長、団琢磨がそれぞれピストルで射殺された。犯人の小沼正、菱沼五郎はいずれもファシズム運動家の井上日召を中心とするグループに属していた。グループは後に血盟団と呼ばれることになる。井上日召は支配階級の腐敗や社会主義思想の広まりなどに危機感を持ち、国家改造への決意を固め、茨城県を中心に農村の青年や教員など同志を獲得していった。昭和6年に起きたクーデター未遂事件の10月事件にも関与したとされる。

1936年2月26日

背景に皇道派と統制派の争い

焦りが招いた二・二六事件

昭和11（1936）年2月26日朝、11歳の平岡公威少年、後の三島由紀夫はいつもの通り東京・四谷の学習院初等科に登校した。だが学校はすぐ休校となる。裏手にある斎藤実内大臣の私邸が青年将校率いる軍隊に襲われ、内大臣が射殺されるなど、学校が二・二六事件に巻き込まれる恐れがあったからだ。学校から帰るさい、何事に出会っても「学習院学生たる矜《ほこ》り」を忘れてはならないと訓示された。だが何事にも出会わなかった（三島『二・二六事件と私』）。出会わなかったことで、早熟な三島は事件の主人公たちを悲劇的英雄として美しく感じたという。

子供たちにまで与えた衝撃の大きさを示しているが、「帝都」を揺るがせた事件はこの日早暁に始まっている。

二・二六事件当時の首相官邸周辺

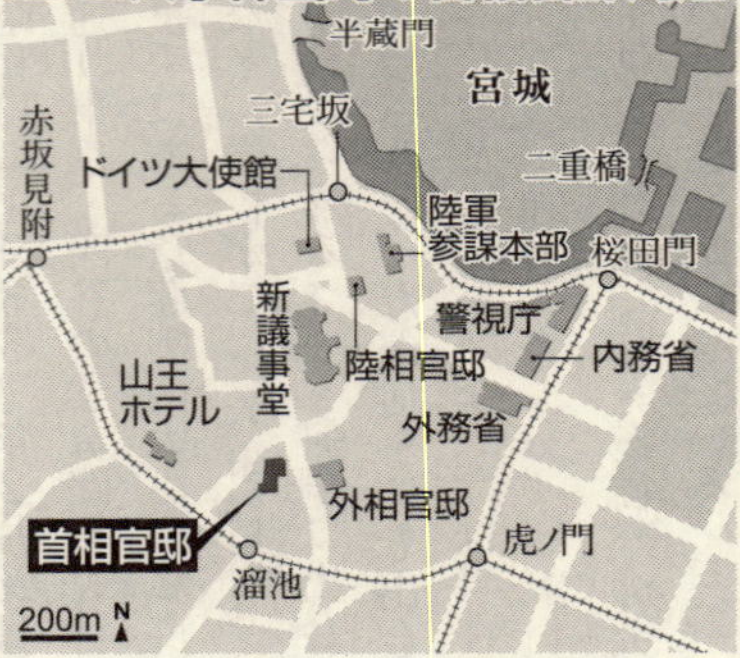

午前4時半ごろから、六本木の陸軍歩兵第一連隊（歩一）と同第三連隊（歩三）を出たそれぞれ数百人の将兵たちが隊列を組み、折からの雪の中を永田町方面へ向かった。このほか、近衛歩兵第三連隊の一部も加わったが、主力は歩一と歩三だった。

指揮をとるのは各連隊に所属する中隊長ら大尉～少尉クラス、他の部隊から単独で参加した尉官、それに免官となっていた元将校らである。いずれも20代後半から30代で「青年将校」と呼ばれた。

午前5時過ぎ、歩一の栗原安秀中尉らが首相官邸を襲撃したのをはじめ、斎藤内大臣、高橋是清蔵相、渡辺錠太郎陸軍教育総監の私邸、鈴木貫太郎侍従長の官邸、警視庁などを次々と襲う。斎藤、高橋、渡辺は銃撃を受けて即死、鈴木も重傷を負った。首相官邸には岡田啓介首相がいたが、義弟が岡田と間違われて殺害されたため難を逃れ、後に救出される。さらに別動隊は神奈川県湯河原にあった牧野伸顕元内大臣の別荘を襲撃したが、牧野も逃げて無事だった。

「君側の奸臣軍賊を除く」と青年将校

永田町から霞が関にかけて政・軍の中枢部を占拠した青年将校らは、今の国会議事堂北東角あたりにあった陸相官邸に押しかけ、川島義之陸相に面会を求めた。リーダー格の野中四郎大尉が原文を書いたとされる「蹶起《けっき》趣意書」を読み上げる。それによると、わが国が素晴らしいのは天皇統帥のもと尊厳秀絶な国体にあるが、元老、重臣、軍閥、官僚、政党がこれを壊し、国民を苦しめている。この「君側《くんそく》の奸《かん》臣軍賊《しんぐんぞく》」、つまり悪臣どもを斬除するのだと宣言している。

さらに、彼らが担ごうとしていた真崎甚三郎前教育総監が更迭された件を批判、歩一、歩三が属する陸軍第一師団の満州への移駐が決まったことにも触れている。

つまり「蹶起」の背景には、陸軍内部における真崎ら「皇道派」とこれにつながる青年将校らによる「統制派」への反発や、彼らが満州に遠ざけられることへの焦りがあったことを示していた。

青年将校らは川島陸相を通じ昭和天皇にその趣旨を伝え、天皇から新内閣をつくるよう大命を下していただくことで「維新」を実現しようとしたのだ。

川島はこれを受け天皇の前に出て、青年将校らの「蹶起趣意書」を朗読、彼らの主

新議事堂近くの道路を封鎖する叛乱軍の兵士たち（昭和11年2月）

張通り強力な内閣をつくるべきだと上奏した。

天皇は「鎮圧が先決だ」と不快の念

だが天皇はこれに対し、不快の念を隠さず「内閣の事など言わずともよい。それより叛乱《はんらん》軍の鎮圧方法が先決ではないか」と言われたとされる。これで青年将校らの思惑はほぼ絶望的になった。

この後今度は、真崎や同じ皇道派の荒木貞夫ら現役の大将、中将の軍事参議官たちが非公式の会議を開く。会議は青年将校らに理解を表すような「陸軍大臣告示」を発し、彼らを原隊に復帰させることで解決をはかった。

参議官らと青年将校らは26日夜会見する

が物別れに終わる。「大臣告示」によって、将校らには天皇の怒りが正確には伝わらず、まだ「維新」への希望を捨てていなかったからだ。一方で統制派が握る陸軍参謀本部はすでに武力制圧の方針を固め、参議官らの「仲裁」は無力化しつつあった。

▼皇道派と統制派

皇道派は昭和初期、荒木貞夫、真崎甚三郎らを中心に形成された陸軍内の派閥。「国家革新」などを主張、多分に観念的でしばしば「皇道精神」を唱え、こう呼ばれた。一時は荒木が陸軍大臣、真崎が参謀次長となるなど陸軍の要職を占め「主流派」となったほか、多くの若手将校らがこれに従った。統制派は「反皇道派」的色彩が強く、派閥としての実態は少なかった。永田鉄山、東条英機らエリートの軍官僚が多く、永田が軍務局長のとき、荒木、真崎らが更迭されたことで皇道派が弱体化、これに対する反発が二・二六事件の背景となった。

1936年2月29日

天皇の対応を読み違える

叛乱軍に武力鎮圧の命令

二・二六事件で「叛乱軍」が占拠したのは、首相官邸から陸軍省や陸軍参謀本部などがある「三宅坂上」にかけての一帯だった。「司令部」は同じ三宅坂上の陸相官邸に置いていた。

これに対し本来ここで事件に対処するはずの陸軍幹部らは、北に1・5キロほど離れた軍人会館（現在の九段会館）に詰めていた。ここには戒厳司令部が置かれていたからである。

事件発生から3日がたった昭和11（1936）年2月29日午前9時前、この軍人会館から三宅坂上方面に向け、スピーカーを通じての放送が流れ始めた。

「今からでも決して遅くないから、ただちに抵抗をやめて軍旗のもとに復帰するようにせよ。そうしたら、今までの罪も許されるのであろう」

叛乱軍鎮圧のための出動、三宅坂上で休憩をとる部隊。後ろは竣工間近の新国会議事堂(昭和11年2月)

さらにほぼ同じころ、飛行機から「下士官兵に告ぐ」という戒厳司令部名のビラがまかれた。

一、今カラデモ遅クナイカラ原隊ニ帰レ

二、抵抗スル者ハ全部逆賊デアルカラ射殺スル

三、オ前達ノ父母兄弟ハ国賊トナルノデ皆泣イテオルゾ

単に武力鎮圧の方針を示しただけのものではない。

下士官兵とは、陸軍の場合、曹長、軍曹、伍長の下士官とそれ以下の兵のことだ。つまり彼らを指揮してきた大尉～少尉の将校たちから引き離し、原隊に復帰させることで「無血」でクーデターを終

わらせようとしたのだ。

下士官兵は帰順に動き、将校も戦意を失う

効果はてきめんだった。目的を知らされないまま将校たちに率いられてきた下士官兵は動揺し、帰順する動きが生じた。これを見て将校たちも急速に戦意を失い、29日夕までには武装解除され、事件は3日半ばかりで終わった。

陸軍中央がはっきり武力鎮圧の方針を固めたのは、28日早朝に出された奉勅命令、つまり天皇の命令が出されたことからだった。

「戒厳司令官ハ三宅坂付近ヲ占拠シアル将校以下ヲ以テ速《すみやか》ニ現姿勢ヲ撤シ各所属部隊ノ隷下《れいか》ニ復帰セシムヘシ」

直ちに原隊に帰らせよ、というのである。その後も青年将校たちが抵抗の姿勢を崩さなかったことや、当の戒厳司令官、香椎浩平中将が躊躇《ちゅうちょ》を見せたことなどから時間はかかったが、29日早朝までには関東近辺の部隊から鎮圧部隊が集められ態勢を整えた。

奉勅命令による鎮圧は、陸軍参謀本部の杉山元参謀次長、石原莞爾作戦課長らが描いた路線だったが、昭和天皇が終始、鎮圧を強調されたことが大きかった。

斬殺された永田鉄山軍務局長。この事件で皇道派と統制派の対立が強まった

青年将校たちは天皇に自分たちの行動を理解していただき、同じ皇道派の真崎甚三郎大将への組閣の大命が発せられることで「昭和維新」を実現する考えだった。

そのため天皇の側に仕え、これを阻害しそうな斎藤実内大臣、鈴木貫太郎侍従長らを真っ先に襲ったのだ。だが昭和天皇のご対応は全く逆だった。

側近の本庄繁侍従武官長に対し斎藤、鈴木らを倒したことに「真綿にて朕が（私の）首を締むるに等しき行為なり」と怒りを露わにされた。さらに、鎮圧が手間取っていることを知ると「朕自ら近衛師団を率い此《これ》が鎮圧に当らん」とまで言い切られたという（本庄繁日記）。

他にも青年将校らの計画の甘さは指摘されるが、何といっても天皇のご対応を読み違えたことが決定的だった。

19人が銃殺刑、東条ら統制派が実権を握る

事件は、非公開の裁判でわずか4カ月余り後の7月5日、青年将校らに、五・一五事件よりはるかに厳しい刑が言い渡され、翌12年8月までに19人が銃殺に処された。さらに皇道派に属する多くの陸軍幹部が更迭されたり予備役に編入、つまり現役の職務を退かされたりした。この結果、陸軍は東条英機、武藤章ら統制派のもとに一本化していく。

だが彼ら統制派には概して中国などに対する強硬派が多く、この後に起きる支那事変（日中戦争）を抜き差しならない事態に追い込む一因ともなっていった。

▼永田鉄山斬殺事件

二・二六事件の半年ほど前の昭和10年8月12日、陸軍省軍務局長の永田鉄山少将が局長室で執務中、乱入してきた相沢三郎中佐により斬殺された。相沢は皇道派系で、統制派の中心である永田への恨みを晴らしたといい、両派の対立はいっそう鮮明になった。

永田は陸軍随一の俊才といわれ、軍の改革や国家総動員体制の確立に熱心だった。暗殺されていなければ陸軍士官学校1期後輩の東条英機に代わり、軍や政府の中心となっていたことは間違いない。それなら日中戦争や大東亜戦争はどうなっていたのか、という歴史のイフが論じられる。

1939年5月-9月

新たな「国境」を守るため

ノモンハン、双方に多大な被害

中国とロシアとの間に位置するモンゴル国の南側と東側の縁を取り巻くようにして、中国の内蒙古（モンゴル）自治区がある。外蒙古と言われていたモンゴル同様、広大な草原が広がり、シベリアから来たというモンゴル族が主に遊牧生活をおくっていた。

このうち外蒙古は１９２１年、ソ連の支援を受けて中国の支配を免れ、独立を果たした。一方、内蒙古のうち大興安嶺という山岳の西側一帯の北東部は１９３２（昭和７）年、満州国誕生とともにその版図に組み入れられた。

この結果、モンゴルと満州という2国間に新たに国境が生じた。それはもともと、外蒙古のハルハ族と内蒙古のバルガ族の勢力圏の境であいまいなものだった。

１９３９（昭和14）年5月11日、満州国やその後ろ盾である関東軍が国境と主張するハルハ河の東のノモンハン付近でモンゴル軍と満州軍とが衝突した。

田中克彦氏の『ノモンハン戦争』によれば、ノモンハンとはノモンハーニー（ノモンハンの）・ブルド・オボーという塚があった場所だ。ハルハ河からは20キロばかり離れており、モンゴル側はここから北東へつながるラインを国境だとしていた。つまりモンゴル、満州双方とも相手が自国領を侵したとして戦闘が起きたのだ。

知らせを受けた関東軍は北約200キロのハイラルに駐屯していた第二十三師団の捜索隊（かつての騎兵部隊）などを派遣させた。捜索隊は15日にはモンゴル軍をハルハ河対岸に追いやり、一件落着かと思わせた。

ところが捜索隊が引き揚げた後、モンゴル軍にソ連軍が加わった大部隊がハルハ河を越えてきた。二十三師団は改めて約2千人の部隊を編成、駆逐しようとしたが、逆に捜索隊の約半数が戦死するなどの打撃を受け、撤退した。

積極論と消極論が対立、結局「一撃論」が採用される

その後、関東軍内部では再度ソ連・モンゴル軍を攻撃しようという積極論と、相手の動きを見ようという消極論が対立する。結果的には辻政信参謀らの「一撃論」が採用され、航空機や戦車隊を使っての攻撃準備にかかる。

6月27日には東京の陸軍参謀本部の方針に逆らい、100機以上の航空機がモンゴ

ル領内のタムサグ・ボラクという町を攻撃、７月２日から３日にかけ、ハルハ河に架橋して渡河、モンゴル側に攻め入る作戦に出た。

　この作戦では、関東軍の「虎の子」と言われた戦車部隊も動員、渡河作戦を支援したが、ソ連の強力な戦車部隊に阻まれ、大きな戦果は挙げられない。７月下旬にはこんどは重砲部隊を投入、23日から１日で１万４千発の砲弾を放つなど総攻撃をかけたが、これも反撃にあい結局は歩兵隊が塹壕《ざんごう》にこもるという長期戦に入る。

　だが８月に入ると、ソ連軍指揮官、ゲオルギー・ジューコフ将軍は極秘裏にシベリア鉄道のボルジャ（ソ連領）から、トラックで兵員５万７千、戦車約５００両など大部隊を動員、８月20日、逆に総攻撃をかけた。

　この兵力結集に気付かなかった関東軍は敗退するしかなく、ソ連・モンゴル軍は自ら主張する国境線をほぼ回復、９月15日、モスクワで日ソ両国による停戦協定が成立する。

実態は「事件」ではなく本格的な「戦争」だった

この戦いは正式な宣戦布告もなく「ノモンハン事件」と称されてきた。だが実態は日本側が9千人近い戦死・不明者、8千人あまりの戦傷者、ソ連・モンゴル側も合わせて2万人近い死傷者を出した。本格的な「戦争」だった。

日中戦争（支那事変）が泥沼化している最中に突然起きたこの戦争に対し、日本国内、特に軍中央からは「いたずらに戦力を分散させる」という批判が強かった。戦後も「辺境での国境紛争を拡大し無駄に多くの犠牲者を出した」と評判は悪い。だが満州国とそこの日本人を守る義務を持つ関東軍としては、このままソ連軍の跳《ちょう》梁《りょう》を許せば、せっかくできた満州国を失うことになる、との危機感を持っていたのも事実だった。

そして日本はこれを機に「南進」へと舵《かじ》を切っていく。

▼第二次世界大戦勃発　1939（昭和14）年9月1日、ドイツ軍は空陸一体となってポーランドになだれこんだ。きたるべき英、仏との戦いに備えるためだったが、英、仏はただちにドイツに宣戦布告、欧州は再び大きな戦火にまみれることになった。

ドイツと不可侵条約を結んでいたソ連は、これを見て東部国境からポーランドに侵攻、ポーランドを両国で分割することにした。この大戦の勃発により、西部戦線への対応に追われるソ連はノモンハン事件の終結を急ぎ、両軍が今後停戦時の一線を越えないという妥協的な案で日本側との協定に応じた。

1940年7月27日

必要な資源求め南進政策決定

「援蒋ルート」断つ狙いも

戦前、日本で「仏印」と呼ばれていた地域があった。フランス領インドシナの略だ。フランスが20世紀初めごろまでに自国領または保護領としたベトナム、ラオス、カンボジアのことで、仏領インドシナ連邦を組織していた。さらに細かく北部仏印、南部仏印と分けることもあった。

この「仏印」が日本の近代史にはっきり影を落としてくるのは、昭和15（1940）年の夏ごろからである。

7月17日、支那事変（日中戦争）の泥沼化で首相を辞めた近衛文麿が再び組閣の大命を受ける。近衛は2日後、新たに陸相に就任予定の東条英機や、外相に起用する松岡洋右らを東京・荻窪の自宅「荻外荘《てきがい》」に招き、新内閣の基本政策について話し合った。「荻窪会談」と呼ばれている。

26日にはこの会談を受け、閣議で今後の日本の指針としての「基本国策要綱」を決める。「国是」を「大東亜の新秩序を建設するにあり」とするものだった。

翌27日の大本営と政府とによる連絡会議では、これに基づき「世界情勢の推移に伴ふ時局処理要綱」を決定する。大本営とは、戦時に陸海軍の統一的作戦をたてるため設けられる軍の統帥機関だ。

時局処理要綱は「速やかに支那事変の解決を促進すると共に、好機を捕捉し対南方問題を解決す」とあった。さらに必要な資源を求め、状況によっては武力も行使するとした。いわゆる「南進」政策の決定である。「南方」とは具体的には仏印が中心だった。

明治以来の国策を百八十度転換「南方」へ

明治維新以来日本は常に「北」に目を向けていた。満州に満州国を建国させ、ここに富と武力を蓄え、ロシア（ソ連）に備える一方欧米諸国に対抗しようというのが国策だった。それだけに文字通り百八十度の方針転換である。

いくつかの理由があった。

まず日中戦争の膠着化だ。日本に南京を攻略された蒋介石の国民党政府は内陸部の

重慶に移転、日本への反攻姿勢を強めていた。その蒋介石政府を、反日を強める米国などが支援、仏印を通るルートで物資を送り込んでいた。いわゆる「援蒋ルート」だ。これを断ち日中戦争にケリをつけたいというのが、一つの理由だった。

さらに時局処理要綱にもある通り「必要な資源」、とりわけ満州では期待できない石油開発を南方に求めたのである。

国際情勢を見ると、第二次大戦でドイツが6月にフランスを降伏させるなど「快進撃」を続けていた。そのドイツと同盟を結べば、仏印など南方の権益を握るフランス、イギリスも文句は言えないとの読みがあった。

さらにドイツ、イタリアにソ連も含めた4カ国同盟を実現させれば、ソ連も満州に攻めてこない。「北」は大丈夫との甘い見通しも持っていた。

この方針を受け8月30日、松岡外相とアンリ駐日フランス大使との間で、北部仏印、現在のベトナム北部に日本軍の進駐などを認める「松岡・アンリ協定」が結ばれる。日本としてはドイツに負けたフランスの足元を見て「平和的」に南進を果たすはずだった。

陸軍の強硬派が独走、石油市場から締め出される

ところが9月23日、中国南部の南寧を占領していた陸軍第五師団が越境して仏印領のランソンなどを攻撃、フランス軍を降伏させてしまった。陸軍内の強硬派が「独走」させたのである。さらに26日には日本からきた印度支那派遣軍もトンキン湾からハイフォンに強行上陸、結局は武力進駐となった。

このため米国や英国は態度を硬化させる。米は屑《くず》鉄などの対日全面禁輸に踏み切り、英はストップしていたビルマからの援蒋ルートを再開した。

翌16（1941）年7月には南部仏印、現在のベトナム南部にまで進駐、蘭印（オランダ領東インド、現在のインドネシア）もうかがう。これに対しオランダはただちに日本への石油輸出を禁止、米国も対日石油禁輸を発表する。

石油を求めて「南進」したのが逆に、世界の石油市場から締め出されることになり、米、英、オランダなどとの戦いは必至となっていく。

▼米内内閣から第2次近衛内閣へ

昭和15年1月、阿部信行内閣が物価政策の失敗などで総辞職すると、米内光政海軍大将に組閣の大命が下った。米内は日独伊三国同盟に反対し「親英米派」と見られていた。これに反発する陸軍は、近衛文麿の担ぎ出しをはかる。近衛は既存の政党に代わる新たな国民結集組織を目指す「新体制運動」を進め、依然国民的人気が高かったからだ。

米内内閣は発足後わずか半年で畑俊六陸相が辞表を出し、陸軍が後継の陸相を推薦しなかったため、7月16日総辞職する。翌日首相経験者らによる重臣会議で近衛を後継首相に推すことが決まった。

1940年9月27日

米国を読み違えた三国同盟

松岡洋右「一生の不覚」と涙

昭和16（1941）年12月8日朝、米、英との戦争突入の発表を聞いた元外務官僚の斎藤良衛は、外相を辞めて5カ月ほどの松岡洋右を東京・千駄ケ谷の自宅に訪ねた。

斎藤は前年、松岡の外相就任とともに外務省顧問になり、松岡の腹心と言われていた。

病気で伏せっていた松岡は、斎藤を見るなり、涙を浮かべながらこんな趣旨のことを語った。

「三国同盟の締結は僕一生の不覚だった。アメリカの参戦防止によって世界戦争の再起を予防し、国家を泰山の安きにおくことを目的としたのだが、ことごとく志と違い、死んでも死にきれない」

斎藤が戦後、著書『欺かれた歴史―松岡洋右と三国同盟の裏面』で明らかにしている。

日本、ドイツ、イタリアによる三国同盟は前年、1940（昭和15）年9月27日、ドイツのベルリンで締結された。この同盟を日本側で推進したのが外相の松岡だった。しかし同盟が、当時ドイツが死闘を繰り返していた英国を仮想敵国としているのは明らかだった。英国や米国との関係を一段と悪化させるとして、米内光政前首相ら海軍を中心に反対も強かった。戦後も米英などとの戦争を招いた最大の元凶とされてきた。

病床での松岡の言葉は、そのことへの悔悟であり、言い訳でもあった。同時に当時の日本の中枢がいかに国際情勢を読み違えていたかを示している。

ドイツがソ連と不可侵条約を結びいったん打ち切り

日本とドイツとはすでに1936年、防共協定を結びこれが翌37年、日独伊防共協定となっていた。共産主義の脅威に備えるとともにソ連を仮想敵国とした一種の同盟だった。

三国とも国際連盟を脱退していることなどから、さらに強固な三国同盟としたい考えはそれぞれの国にあり交渉に入っていた。ところが39年8月、ドイツが突然「敵国」のはずのソ連と不可侵条約を結び交渉は打ち切られる。

このときの首相、平沼騏一郎が「欧州情勢は複雑怪奇」と嘆いて辞任したことは有名だ。

息を吹き返すのは40（昭和15）年7月、近衛文麿が2度目の組閣を行い、松岡が外相となってからである。既に書いたように、第2次近衛内閣はそれまでと一転して「南進」政策を打ち出す。

南進すれば多分米国が黙ってはいまい。だが日本がドイツ、イタリアと強固な同盟を結べば、口を出せないだろう。そう考えた松岡は海軍などを説き伏せ、就任後わずか2カ月余りで、調印にこぎつけたのだ。松岡らの「自信」の背景には、大戦でのドイツの「快進撃」があった。

首相や海相をつとめた米内光政。三国同盟に反対し陸軍などと対立した

ヒトラー率いるドイツは前年の9月、ポーランドに侵攻、これに対し英国、フランスが宣戦布告し第二次大戦が始まった。はじめの半年ほどは膠着状態だったが、１９４０年4月から、ドイツはノルウェー、オランダ、ベルギーなどを次々と落とし、6月にはフラン

スのパリが陥落した。

ドイツの世界大戦での勝利は間違いなく、米国も手が出せないと思ったのだ。だが米国は全く逆に日本の南進に対しはじめは屑鉄など、41年には石油の禁輸という強硬な姿勢に出た。さらに追い詰められた日本が真珠湾などを攻撃したのを機に欧州戦線にも参戦、日独伊三国を打ち破ることになる。

ナチスドイツのような独裁国家は決して許さず、そうした国と同盟する国も認めない。米国がそんな自らの「正義」で動くことを理解していなかったのである。

ドイツがソ連に攻め入ることも読めず

もうひとつ、松岡の誤算はドイツが1941（昭和16）年6月、ソ連に攻め入ったことである。ドイツとソ連との良好な関係からソ連を含めた四国同盟を夢想していたが、これでもう一度ソ連の脅威にも備えなければならなくなった。

決定的な読み違いだったが、松岡ばかりを責められない。

近衛は松岡に外交を「丸投げ」しており、陸軍も松岡の尻をたたいていた。マスコミも三国同盟を「外交転換ここに完成」（東京朝日）などと「前向き」にとらえたし、国民の多くも歓迎したのだった。

▼松岡外相と四国同盟

松岡は三国同盟締結から約半年後の昭和16年3月、ソ連、ドイツ、イタリアの各国を歴訪した。ソ連ではスターリン書記長と直接会談、日独伊ソ4カ国連携の重要性を訴え、日ソ中立条約締結につなげた。この後、ドイツではヒトラー総統に、四国同盟を提唱した。だがヒトラーはこれには全く関心を示さず、日本に対英国参戦、中でも英の植民地シンガポール攻略を強く求め、平行線に終わった。ヒトラーはこのときすでに、ソ連と戦う決意を固めていたとされ、松岡の構想が夢物語にすぎなかったことを示してしまった。

1941年7月－

石油の安定確保へ南部仏印進駐

米は禁輸、資産凍結の制裁

昭和16（1941）年7月28日、飯田祥二郎陸軍中将率いる第二十五軍は南部仏印（フランス領インドシナ）のナトランとサンジャックに上陸した。現在のベトナム南部にある港である。

この地を支配していたフランスのビシー政権にすでに日本に抗する力はなく、1週間前に日本の進駐を認めていた。10カ月前の北部仏印とは異なり、「無血上陸」となった。

さらに翌29日には日仏間で「仏領印度支那の共同防衛に関する議定書」が結ばれ、日本はサイゴン（現ベトナムのホーチミン）、プノンペン（現カンボジア）など8カ所の航空基地と海軍基地2カ所の使用権を得た。

狙いは仏印との関係を強めるとともにこの地域に軍事圧力をかけることにあった。

特に石油が豊富な蘭印（オランダ領東インド、現インドネシア）との経済交渉を有利に運び、石油を安定的に確保しようとしたのだ。

前年に進駐した北部仏印のハノイからでは例えば英領マレー（現マレーシア）のコタバルまで約１６００キロもあり、東南アジアを植民地として広く支配する米国、英国、オランダへの軍事圧力とはなり得ず、より近い南部仏印進駐となったのだ。

米国は日本を叩く絶好の機会とみなす

だがこれに対し米国はただちに米国内の日本資産を凍結、８月１日石油の対日禁輸を発表した。

日本の近衛文麿政権としては、進駐は合法的なもので、米国に口を挟まれるいわれはないと見ていた。だがルーズベルトの米国政権は日本をたたく絶好の機会とみたのである。

長く陸軍参謀総長をつとめた杉山元。昭和天皇から厳しいご下問を受けた

この日米衝突の危機に、真っ先に反応されたのが、昭和天皇だった。７月

31日には石油需給に敏感な海軍の軍令部総長、永野修身《おさみ》を召し「（日米）戦争となれば、その結果は」と下問された。軍令部総長とは陸軍の参謀総長とともに戦時になれば、戦争指導の役割を担う武官である。

永野は「（日露戦争の）日本海海戦のような大勝はもちろん、勝ち得るか否かも、覚束《おぼつか》ないことです」と答えた。天皇は驚き、内大臣の木戸幸一に対し「つまり捨て鉢の戦争をするとのことで誠に危険だ」と感想をもらされたという（『木戸幸一日記』）。

政府はこの後、近衛とルーズベルトの「首脳会談」で打開をはかろうとするが、米側は言を左右にしてこれに応じない。このため9月3日の大本営・政府連絡会議で次のような「帝国国策遂行要領」をまとめる。

①自存自衛のため対米戦争を辞さない決意で10月下旬をめどに戦争準備を完整する②これと並行して米、英に対し外交手段を尽くし要求貫徹につとめる―というもので、10月上旬まで要求貫徹のめどがつかない場合、直ちに開戦を決意すると、期限も切った。

この要領は9月6日の御前会議で正式決定するが、前日内奏した近衛に対し昭和天皇は「戦争が主で、外交が従であるかのごとき感じを受ける」と懸念された。

さらに天皇はその場で永野と陸軍参謀総長の杉山元も召され、杉山に「南方作戦は予定通りいくと思うか」「絶対に勝てるのか」などと下問された。

「20年、50年の平和を求めるべきです」

杉山が「南洋だけは３カ月ぐらいで片付けるつもりです」と答えると、天皇は「（杉山が）陸相として支那事変は１カ月で片付くと言った記憶がある」などと厳しく追及された。

杉山が「絶対とは申しかねます」としたうえで「日本は半年や1年の平和を得ても続いて国難が来てはいけないのであります。20年、50年の平和を求めるべきです」と答えると、天皇は大声で「ああ分かった」と述べられた。

こうした緊迫したやりとりは、近衛文麿の手記『平和への努力』や杉山が参謀本部の幹部に重要会議について説明したのをまとめた『杉山メモ』に残されている。読む限り、この時点で政府や軍がやみくもに対米戦争に向かっていたのではなかった。しかし、米国のあまりに厳しい対日姿勢に追い詰められていく。

▼明治天皇の御製

昭和16年9月6日の御前会議で昭和天皇は突然祖父、明治天皇の御製（お歌）「よもの海みなはらからと思ふ世になど波風の立ちさわぐらむ」を読み上げられた。従来昭和天皇が開戦を憂慮、軍に自重を求めたものと解釈されてきた。だが近現代史家、加藤康男氏は平成26年の月刊『ＷｉＬＬ』1月号で、近衛文麿や杉山元の書き残したものなどから、昭和天皇は「波風」を「あだ波」と読み替えられていたと指摘する。「あだ波」は「仇波」「敵波」と書けるから、戦争を始めるのは本意でなくとも、日本への圧力に対する覚悟を託されたものだとしている。

1941年11月26日

米は「裏口からの参戦」を図った

ハル・ノートは最後通牒

満州事変を指揮した石原莞爾が陸軍士官学校の４期先輩の東条英機を「東条上等兵」と呼び、さげすんでいたのは有名だ。

対中国問題での意見の違いもあったが、国家を任せられる見識を持ち合わせていないという意味で、同調する者も多かった。それでも東条を陸相から首相にまで上り詰めさせたのは、その真面目一徹な性格と天皇への強い忠誠心だったとも言われる。

首相となったのは昭和16（１９４１）年10月18日である。前任の近衛文麿が政権を投げ出したのは米国などと開戦か、交渉継続かという重大局面に閣内一致ができなかったためだ。

だが内大臣、木戸幸一の推挙で東条が後任に指名されたことは国内外に驚きで迎えられた。東条はとりわけ中国に対しては強硬派である。対中妥協ができないなら米国との交渉は至難で、開戦必至と見られたからである。

陸軍を抑えるために東条を首相に

だが木戸の狙いは逆だった。開戦に走る陸軍を抑えられるのは陸軍の東条しかいない。しかも忠誠心の厚い東条なら、昭和天皇が懸念を示した（と受け取られていた）9月6日の「戦争辞せず」の決定を白紙に戻すのを躊躇しないとの読みがあった。

東条はその「期待」に応えた。組閣で外相に和平派の東郷茂徳を起用、米国には海軍出身の野村吉三郎大使に加えベテラン外交官の来栖三郎を送り込み、外交継続姿勢を示した。陸軍内部に「東条変節」との声も起きたほどだ。

これを受け11月5日、中国や仏印（フランス領インドシナ）からの暫時撤退などを盛り込んだ甲、乙2つの妥協案をつくり、米ルーズベルト政権の国務長官、コーデル・ハルに打診する。だがハルは日本案には答えず、米側の「暫定協定案」をまとめた。

文字通り暫定的な案だったが、日本が南部仏印の兵を撤収することなどを条件に、日本への禁輸緩和を品目ごとに細かく示しており日本として必ずしも受け入れられない内容ではなかった。だがこの協定案は26日、突如廃棄され、代わりに「合衆国及び日本国間協定の基礎概略」なる提案が野村らに手交された。これが日本で「ハル・ノート」と呼ばれているものである。

新たな提案は①中国及び印度支那から一切の軍事力、警察力の撤収②重慶の国民政府以外の中国における政権（つまり南京の汪兆銘政府）を支持しない③日独伊三国同盟の事実上の否定　などからなっていた。

戦後の東京裁判で日本を擁護したインドのパール判事が「（小国である）モナコやルクセンブルクでも立ち上がっただろう」と述べたとされるほど、とうてい日本が受け入れられないことばかりだった。日本側は、事実上の「最後通牒《つうちょう》」や「宣戦布告」として受け取った。「天佑」とする声まであり日本が米国との戦争に踏み切る直接のきっかけとなった。

ナチス・ドイツを叩くために

米側の突然の「変節」について戦後、日米でさまざまな説が立てられた。中国の蒋介石が暫定案は「中国に冷たい」と難色を示したためとの見方もある。だがF・ルーズベルト大統領もハルも中国にさほど関心はなかったとされる。あったのはいかにして欧州の第二次大戦に参戦するかだった。

日本に強硬な協定案をつきつけたコーデル・ハル米国務長官

米国は大戦開始時、いち早く中立を宣言していた。米国世論も参戦には否定的だった。だがルーズベルトは独裁国のナチス・ドイツをたたかねばならないという危機感を抱くようになる。そのためまず、日本に米国を攻撃させ、これに反撃する形で日本の同盟国であるドイツに宣戦するという「裏口からの参戦」を狙っていた。

しかも米国は暗号電文の解読で日本の甲案、乙案も知り、どこまで妥協するかもつかんでいた。それに照らせば暫定案は日本が受け入れるかもしれない。それでは日本に最初の「一発」を撃たせられない、として暫定案を放棄したというのが有力なのだ。つまり日本は、米国の「裏口戦略」にまんまと引きずり込まれたと言える。そして運命の12月8日を迎える。

▼12月1日の御前会議

日本が最終的に開戦を決めたのは昭和16年12月1日の第8回御前会議だった。

午後2時過ぎに始まった会議では、原嘉道枢密院議長が「ハル・ノートにある中国（支那）に満州が含まれるのか否か」などと質問したが、政府側から明確な答えはないまま「対米英蘭開戦」を了承した。この「満州問題」は戦後改めて議論を呼ぶことになる。

出席者の一人、杉山元陸軍参謀総長の『杉山メモ』によれば、昭和天皇は9月の御前会議のときとは異なり「説明に対し一々領《うなず》かれ何等御不安の御様子を拝せず」だったという。

第6章

米英との戦い ドミノ式に戦線拡大

1941年12月8日

奇襲で米の士気失わせる作戦

真珠湾攻撃の成功と誤算

ロシアに不法占拠されている北海道の択捉島《えとろふ》のほぼ中央の太平洋側に、単冠湾《ひとかっぷ》がある。

昭和16（1941）年11月22日ごろから、この大きな湾に日本海軍の大小の艦船が集結を始めた。「赤城」「加賀」「飛龍」など空母6隻をはじめ戦艦2隻など計30隻を超えていた。

連合艦隊機動部隊と名付けられ南雲忠一中将に率いられる艦隊は26日、秘《ひそ》かに太平洋に向け出発した。ハワイ・オアフ島真珠湾の米海軍基地を奇襲するためである。それより前20日までには、潜水艦27隻が横須賀などの基地からハワイを目指していた。

日本が米国の強硬な対日姿勢を示すハル・ノートを受け、正式に対米・英開戦を決めたのは12月1日の御前会議だった。機動部隊が出発した時点ではハル・ノートもまだ手交されていなかった。にもかかわらず出発を急いだのは、開戦と同時に敵の主力を攻撃し、優位につくと同時に、米軍の士気を失わせるという作戦だった。

この奇襲戦法を計画し、実行に移したのは連合艦隊司令長官、山本五十六海軍大将である。山本はこの年の1月、この作戦を具申した。これに対し海軍軍令部（陸軍の参謀本部に相当）は「米側に事前に察知されれば失敗に終わる投機的な計画だ」と反対する。

だが山本は「受け入れられなければ司令長官を辞める」と迫り、10月19日、採用が決まった。

山本五十六の作戦―空母6隻を派遣、空から徹底攻撃

軍令部などは、日露戦争の日本海海戦で日本軍がとった敵艦隊を近海で迎え撃ち、撃退するという形を日本海軍のオーソドックスな戦法としていた。

これに対し山本は、空母と航空機が主力となった今、日本近海まで米艦隊が来ればとても勝てないとし、開戦劈頭《へきとう》の奇襲しか勝つ道はないと主張したのだ。

その上で航空機専門の山本は奇襲に6隻もの空母を派遣、空から徹底攻撃する作戦を立てた。

山本五十六連合艦隊司令長官。真珠湾攻撃の成功で国民の熱狂的支持を得た

開戦決定後の12月2日、山本から「ニイタカヤマノボレ1208（12月8日攻撃に移れ）」の暗号電報を受けた機動部隊は、船舶航行の少ない北緯40度以北の太平洋を東へ進み、12月8日午前1時半（現地時間7日早朝）、空母を飛び立った第1次の183機をはじめ計350機の攻撃機が、真珠湾の米艦隊を攻撃、雷撃隊も魚雷を艦船に浴びせた。

米側は暗号解読で近く日本が攻撃することを知っていたが、ハワイでは特別の警戒はしていなかった。しかも訓練を重ねた日本軍の攻撃は極めて正確だった。このため「アリゾナ」「オクラホマ」など戦艦5隻が撃沈するなど大打撃を受けた。

午前3時22分、早くも攻撃隊を指揮する淵田美津雄中佐から「トラ・トラ・トラ（我奇襲に成功）」との暗号電文が打たれた。

この作戦の成功で山本は国民の熱狂的な支持を受け、日本海海戦の東郷平八郎と並ぶ「名将」となった。だがその山本にもいくつかの誤算があった。

敵の空母は不在、最後通牒も遅れる

ひとつは攻撃時、真珠湾に米の空母がいなかった。さらに海が浅いため撃沈した戦艦でも引き揚げられ修復のうえ戦場に戻ったものがあった。工廠《こうしょう》や石油タンクまでは攻撃せず引き揚げたこともあり、米艦隊の戦闘能力を大きく失わせるまでに至らなかった。

もうひとつ、この真珠湾攻撃前に野村吉三郎駐米大使からコーデル・ハル国務長官に手交されるはずだった最後通牒《つうちょう》が、大使館員らの不手際で攻撃開始から1時間以上遅れたことだ。

F・ルーズベルト大統領らは暗号解読により、日本が開戦を決めたことも、この日の最後通牒の内容までもつかんでいた。しかし日本から「最初の一発」を撃たせたい大統領としては、日本の攻撃をじっと待ったのだ。

そこへ最後通牒より前に日本が奇襲をかけてきたことは、米の第二次大戦への参戦を「後押し」することになった。しかも米国民はこれを日本による「だまし討ち」と受け取り、日本への憎しみと士気を高める結果となった。この点では山本のもくろみが反対に出てしまったのである。

▼大詔奉戴日

日本が開戦に踏み切った昭和16年12月8日、昭和天皇は「宣戦の詔書」を発せられた。志と異なり開戦のやむなきにいたったいきさつを述べるとともに、陸海将兵に「全力を奮って交戦に従事」するよう求められた。

またもろもろの武官・文官、さらに一般国民に対しても、その本分を尽くして「国家の総力を挙げて征戦の目的を達する」よう求められた。

これを受けて毎月8日は「大詔奉戴日《たいしょうほうたいび》」とされ、国民が必勝を祈願する日となった。東京の学校では終戦までこの日、明治神宮に参拝する所もあったという。

1941年12月8日

英領シンガポールを落とすため

最強艦沈めたマレー沖海戦

昭和16(1941)年12月8日午前7時、ラジオは時報に続いて「臨時ニュースを申し上げます」と2度繰り返した。

「大本営陸海軍部午前6時発表。帝国陸海軍部隊は本8日未明、西太平洋においてアメリカ、イギリス軍と戦闘状態に入れり」

月曜日の早朝、日本中に緊張が走った。今ではこの臨時ニュースは、真珠湾攻撃を伝えたものだと受け取られがちだが、実はそうではなかった。

「西太平洋」とはフィリピンから南シナ海にかけての海域だ。真珠湾を含めるなら「ハワイおよび西太平洋において」と言わねばならない。だがこの時点ではまだ真珠湾の詳報は入電しておらず、こうした発表になったのである。このことでも分かるように、実際に対米英戦争に突入したのは、真珠湾よりマレー半島の方が時間的に先だったのだ。

マレー半島とは、現在のタイ南部からマレーシアにかけての半島で、海峡を隔てたその先にシンガポールがある。

大部分が英国の支配下にあった。石油獲得のため蘭印（オランダ領東インド、現インドネシア）に進出したい日本としては、英の東洋における拠点であり蘭印への「関所」といえる英領シンガポールを落とすため、半島への上陸を目指したのだ。

真珠湾攻撃より1時間余早く上陸に成功

真珠湾攻撃開始よりも1時間余り早い8日午前2時過ぎ（日本時間）、佗美《たくみ》浩少将率いる陸軍第二十三旅団が英領コタバルへの敵前上陸に成功したのに続き、タイ領のシンゴラやパタニなどに次々と上陸を果たした。

コタバルでは、当時英国領となっていたインドの軍隊が空港を守っていた。しかし佗美部隊は同日夜までに、空港を占拠した。

これに対しシンガポールの英東洋艦隊は急遽《きゅうきょ》8日夕、「プリンス・オブ・ウェールズ」と「レパルス」という2隻の戦艦に駆逐艦4隻を加えたZ部隊を編成、マレー沖に向かわせた。上陸部隊を運び護衛のためこの海域に展開する日本艦隊をたたき、上

陸部隊を孤立させる狙いだった。

だが英東洋艦隊に空母はいなかった。しかもマレー半島の空軍基地は早々と陥落したため、航空機の援護はないままの出撃だった。それでも東洋艦隊は自信を持っていた。両戦艦とも強固な装備を施していた。特に「プリンス・オブ・ウェールズ」は14インチ砲10門を積み、分厚い鋼板を張り巡らせた「世界最強」を誇る戦艦だった。これにかかれば日本の戦艦などひとたまりもない、と高をくっていたという。

だが日本艦隊の居場所を探して「迷走」の末10日昼前、マレー半島・クアンタン沖に差しかかったところを、日本の航空隊に急襲される。

南部仏印のサイゴン（現ホーチミン）、ツドウムの飛行場を飛び立った海軍機計85機は、約700キロの波濤《はとう》を越えて南下してきていたのだ。特に信じられないような低空飛行で放つ魚雷の威力は抜群で、鋼板が比較的薄い喫水線以下を狙われ、2隻の「不沈戦艦」はあっさりと沈没した。

空母と航空機の重要さを見せつけた戦い

「プリンス・オブ・ウェールズ」艦上にいた東洋艦隊司令長官のトム・フィリップ提督は退艦の勧めを断り、艦と運命をともにした。両艦の乗員らは同行した駆逐艦に救助されていったが、日本機は救助活動を妨害しなかった。このため両艦が失った士官・兵は30％以下にとどまった。

日本の「完勝」の理由は先に制空権を握るという作戦や、航空隊員の鍛錬された技術によるところが大きかった。だがその一方で近代の海戦での航空機や空母の重要さを見せつけた戦いだった。

報告を聞いた英国首相、ウィンストン・チャーチルは「生涯、かくも大きな痛手を受けたことはなかった」と嘆いたという。

このマレー沖海戦の結果、制空権に加え制海権も得た日本は、陸軍が念願のシンガポール攻略に向け、マレー半島を快調に南下していくことになる。

▼フィリピン、香港攻撃

緒戦で日本軍が攻撃の対象としたのはハワイやマレー半島だけではなかった。12月8日早朝、台湾の基地を飛び立った陸軍機が米国領フィリピンのルソン島北部を空爆した。さらに数時間後には海軍機がやはり台湾からマニラに近い米軍クラークフィールド基地を攻撃、重爆撃機Ｂ17などに壊滅的打撃を与え制空権を奪った。

さらに同日未明には支那派遣軍麾下《きか》の第二十三軍が地上からの砲撃と爆撃機により英国領香港を襲った。英軍は九竜半島の防御線を死守しようとしたが、日本軍は３日後には突破、25日までに香港島の英軍を降伏に追い込んだ。

1942年2月15日

最大の目的は石油だった

電撃的進軍、シンガポール陥落

開戦から4日後の昭和16（1941）年12月12日、内閣情報局は次のような発表を行った。

「今次の対米英戦は、支那事変をも含め大東亜戦争と呼称す。…大東亜秩序建設を目的とする戦争なることを意味するものにして、戦争地域を大東亜のみに限定する意味に非《あら》ず」

閣議決定に基づいたもので、あの戦争の日本での正式名称は「大東亜戦争」だった。

しかし戦後、日本を占領したGHQ（連合国軍総司令部）がこの名称を使うことを禁じたため、マスコミも「太平洋戦争」と呼ぶようになる。禁止したのは「大東亜戦争」にアジアの新秩序建設や解放という日本側の「大義名分」を感じ取ったからだ。

当時のアジア、特に東南アジアの大部分は英国、フランス、オランダなど西欧列強や米国の植民地支配下にあった。そのアジアを解放するというのだから、米英などにとって実に都合の悪い「大義名分」だったのだ。

確かに開戦後すぐにアジアから欧米諸国を追い出し「解放」した。だが初めから純粋にアジアの解放や独立のため、自国の存亡をかけ戦ったのだろうか。

最大の戦争目的は「石油」だった。当時すでに石油がなければ、近代国家として「自存」することも「自衛」することもできなくなっていた。特に海軍の場合、石油は命綱だった。

シンガポール攻略

だが日本国内ではほとんど生産はできない。蘭印（オランダ領東インド、現インドネシア）など東南アジアに求めようとしたが、逆に米国などにより石油市場から締め出されてしまう。

そこで「自存自衛」のため、米英などに戦争をしかけたというのが実情だった。そんな戦争目的を胸に、同年12月8日、マレー半島に上陸を果たした山下奉文中将率いる第二十五軍はシンガポール目指し、南下を始める。

自転車で進軍「銀輪部隊」も大活躍

タイ・シンゴラの第五師団の先鋒《せんぽう》隊は12日には早くも西岸から国境を越えて英領マレー（現マレーシア）に入る。英軍は植民地インドの軍を中心に対抗するが、制海権や制空権を握り、士気も高い日本軍はこれを突破していく。

一部の歩兵部隊は日本から持ち込んだり現地で調達したりした自転車にまたがり、ゴムやヤシの林の中の舗装された道を「快調に」走り「銀輪部隊」の異名をとった。英軍は退却にあたりいくつかの川にかかる橋を破壊していったが、日本軍は工兵隊がすぐに架橋し後れはとらない。

翌1942（昭和17）年1月11日には西岸の中心都市クアラルンプールを落とし、31日には第五師団がシンガポール島対岸のジョホールバルに到達、近衛師団などを含む第二十五軍が続々結集した。

山下奉文第二十五軍司令官

英軍は増援部隊を集め南下を阻止しようとしたが、全く止められず、シンガポール島に籠城する作戦に出る。日本の陸軍は当初、陸軍記念日の3月10日までに攻略する作戦だった。だが実際には千キロ余りを55日間で踏破する予想外の早さで、急遽《きゅうきょ》紀元節（現建国記念の日）の2月11日までの陥落を目指すことになった。

2月7日夜、近衛師団の一部がジョホール水道東側にあるウビン島に上陸した。これは「陽動」作戦で、翌8日午前、日本軍は英軍の水際要塞に猛烈に砲弾を浴びせるとともに西側の水道を渡り、第五師団、第十八師団がシンガポール島北岸への上陸に成功、南側の市街地を目指した。

インド人の英国への反発心も一因

英軍側はオーストラリア部隊やインド部隊が対抗したが、両部隊には厭戦《えんせん》気分が強く、投降が相次いだ。さらに日本軍により半島からの上水道をストップさせられ、水源地も占拠された。このため英守備隊の司令官、アーサー・パーシバル中将はついに15日夜、フォード自動車の工場で山下中将と会談、降伏した。

日本軍が予想以上に早く陥落できたのは士気の高さもあったが、マレーや戦いにかり出されたインドの人たちの、支配者英国への反発が強かったこともあった。

▼イエスかノーか

シンガポールを陥落させた第二十五軍司令官、山下奉文中将は電撃的にマレー半島を南下し、「マレーの虎」として一躍「陸のヒーロー」となった。

2月15日夜、パーシバル英将軍との会談では、「降伏」なのか「停戦」なのかはっきりしない将軍に対し「イエスかノーかで返事されたい」と迫り、降伏を認めさせた。このことが新聞で報じられると「さすが猛将」「高圧過ぎる」など賛否両論の声が聞かれた。

会談で日本側の英語力が乏しく、いらついたためとも、日本軍の砲弾不足を知っていた山下中将の「大芝居」だったともいわれる。

1942年2月-3月

「親日」現地人が助けてくれた

1カ月足らずで蘭印を攻略

昭和17（1942）年2月14日、マレー半島南部の基地を出撃した日本陸軍の落下傘部隊が蘭印（オランダ領東インド、現インドネシア）のスマトラ島パレンバンの油田地帯を襲った。

既に書いた通り、開戦の最大の目的は石油だったが、日本が奪う前にオランダなど連合軍が油田を爆破するのを防ぐための急襲だった。「藍《あい》より蒼《あお》き…」という『空の神兵』に歌われた落下傘部隊の陸軍での「デビュー」だった。

総勢300人余りの少数精鋭だったが、よく鍛錬を積んでいるうえ、陸海軍機の空からの援護を受け、その日のうちに飛行場と製油所を占領する。

しかしスマトラ島とスンダ海峡を挟んで東側のジャワ島には、オランダ、米、英、オーストラリア連合軍が結集を始めており、いつ油田を奪回されるかわからない。このため、今村均陸軍中将率いる第十六軍がジャワ攻略にあたることになったのだ。

乗船が沈没、今村司令官は泳いで上陸

連合軍もオランダのカレル・ドルマン海軍少将の艦隊が上陸を阻止しようとした。だが2月27日、東部スラバヤ沖での海戦で日本艦隊がこれを破り、第十六軍は東、中、西の3カ所から上陸、オランダ軍が要塞化している中西部の都市、バンドンを目指した。

このうち西部バンタム湾から上陸をはかった第十六軍主力は、連合軍艦隊の攻撃を受け今村軍司令官の乗船が沈没、今村らは泳いで上陸したものの、通信機器の大部分が水没し苦戦を強いられた。

しかし中部に上陸した東海林俊成大佐の支隊が奮戦、3月7日未明、一部が「決死隊」となってバンドン郊外のレンバンに突入すると、オランダ軍は降伏を申し入れてきた。10日には今村軍司令官がバンドンに入城、蘭印攻略は1カ月足らずで終わった。

連合軍はざっと4万余り、現地人の兵を加えると8万余りとなり日本軍の倍あった。それなのに日本軍の完勝に終わったのは、相手の「寄り合い所帯」の弱さもあったが、それ以上に「親日」的な現地人の存在が大きかった。

第十六軍主力がバンドンなどへ向かうと、行く先々で現地人がオランダ軍が設置した障害物を取り除くなどして協力、パパイアや椰子《やし》の実の差し入れまでする。

訪ねてきた村長は今村に「北の方（東とも言う）から来る同じ人種が我々を自由にしてくれる」という「ジョヨボヨの予言」を紹介し日本軍に期待を寄せた。

この「ジョヨボヨの予言」はインドネシアに広く伝えられていたが、その背景にはオランダによる過酷な植民地支配があった。

オランダは17世紀初めに東インド会社をつくり収奪を始め、１７９８年からはオランダ政府が直接支配するようになった。その統治は現地人には教育を施さず、政府機構への登用もしないという、現地人蔑視政策で、強い反発を買っていた。

このためオランダ軍は日本軍とのゲリラ戦に出ても、現地人の協力が得られないと判断、降伏を選んだといわれる。日本の直接の戦争目的ではなかったが、インドネシアやシンガポールなどのように、結果的に西欧列強の支配から解き放った面はあったのだ。

一方、本間雅晴中将の第十四軍は米国の支配下にあったフィリピンの攻略を担当する。昭和17年1月2日、マニラの占領に成功したが、マニラ湾の入り口のバターン半島やコレヒドール島にこもる米比軍の攻略に苦しむ。

開戦5カ月で南方一帯を制圧したが…

それでも総司令官のダグラス・マッカーサー大将が突然、オーストラリアに向け脱出した後の4月9日にはバターン半島を占領、5月初めコレヒドールを落とし、ようやくフィリピンを攻略した。

さらにビルマ（ミャンマー）戦線では第十五軍が3月にラングーン（現ヤンゴン）を無血占領するなど5月までに連合軍を一掃するのに成功する。

この結果、日本は開戦後5カ月ほどで南方一帯を制圧、石油も確保して大きな戦果を得た。だが米国が大反撃に出るまで時間はかからなかった。

▼インドネシア独立

オランダが降伏した後、日本軍はバタビア（ジャカルタ）を中心に蘭印を軍政下に置いた。石油など各種資源や農産物などの開発を進める一方、日本軍とともに連合軍と戦うためのジャワ防衛義勇軍など軍事組織を作り、民族運動を育てた。

こうした中で独立への機運も醸成され1945年8月、日本が敗れた直後、それまで日本軍の保護下にあったスカルノが独立を宣言する。これに対しオランダは再度インドネシアの植民地化をはかり、独立戦争が起きたが、国際世論はインドネシアを支持、49年12月、独立が実現した。この間、旧日本軍の兵士の多くがインドネシア側に加わり参戦した。

1942年6月5日

暗号読まれ「おびき寄せ」裏目

ミッドウェーで一瞬の暗転

作家、司馬遼太郎氏が「街道をゆく」シリーズの『三浦半島記』で、先の大戦のミッドウェー海戦に触れている。古い友人で産経新聞編集局長をつとめた青木彰氏の父、泰二郎海軍大佐が、この海戦で沈んだ空母「赤城」の艦長だったことからだ。

司馬氏は海戦での日本の敗因のひとつを、暗号電文を米国側に解読されるという「情報」にあったとし、こう書く。

「『赤城』の艦長の子息が、半生、実務と学問の主題を情報に置きつづけてきたのも、ミッドウェーの悔恨と無縁でなかったかもしれない」

ミッドウェー諸島は国際日付変更線のわずかに東の太平洋に浮かぶ小さな島々である。もともと無人島だった所へ、米海軍が陸上基地を設けた。昭和17（1942）年6月、この基地を日本軍が攻撃することになったのは真珠湾同様、連合艦隊司令長官、

ミッドウェー海戦で炎を上げ沈没寸前の空母「飛龍」。４空母の中で最後まで戦い続けた（昭和17年6月、後続部隊が飛ばした日本の偵察機から撮影）

山本五十六の進言だった。

いくら南方を制圧しても太平洋に米艦隊がいると、いずれ反撃に出て日本本土を攻撃される。先制攻撃で全滅させないかぎり安全は保障されない。というのが山本の揺るぎない信念だった。日本軍がまずミッドウェーを攻撃すれば米艦隊がハワイから駆けつける。そこを待ち受けた大艦隊がたたき、殲《せん》滅《めっ》させる。いわゆる「おびき寄せ」作戦だった。

この時期、陸軍参謀本部は、奪い取った南方を死守、米英がドイツに負け戦意を失うのを待つべしとしており、山本案には反対、海軍でも軍令部は慎重だった。

暗号解読、作戦の全容をつかんでいた米軍

しかし17年4月、太平洋上の米空母を飛び立った16機のB25爆撃機が東京、川崎などを空襲、山本の危惧が現実味を帯び、ミッドウェー作戦が実行に移された。

海軍記念日の5月27日、真珠湾攻撃で主力となった「赤城」「加賀」「飛龍」「蒼龍」の4空母など南雲忠一中将麾下《きか》の機動部隊が広島湾を出発、2日後の29日には戦艦「金剛」などの攻略部隊、山本司令長官直率《じきそつ》の戦艦「大和」など主力部隊が次々とミッドウェーに向かった。これに島を攻略するための海軍陸戦隊や陸軍一個大隊も加わった空前の大部隊だ。

むろん作戦は極秘だったが、米軍は司馬氏が指摘するように、日本軍の暗号を解読することでほぼその全容をつかんでいた。ただ攻撃地として暗号にある「AF」については測りかねていた。

だが試しにミッドウェーの基地から「蒸留施設が壊れ、飲み水に困っている」という偽の無線を打ってみた。これを傍受した日本軍が「AFは真水に困っているらしい」と暗号電報を打ったため、ミッドウェーだと確信する。

魚雷を下ろし基地攻撃用の爆弾に積み替え

このためハワイから空母「エンタープライズ」など機動部隊を海域の東方に派遣、逆に日本軍を待ち伏せした。それと知らぬ日本の機動部隊は、6月5日（現地4日）未明、第1次空襲隊がイースタン島などの飛行場を爆撃した。だが破壊が不十分だったため、南雲は第2次隊を向かわせようと、攻撃機に積んであった艦船攻撃用の魚雷を下ろし、基地攻撃用爆弾に替えさせた。

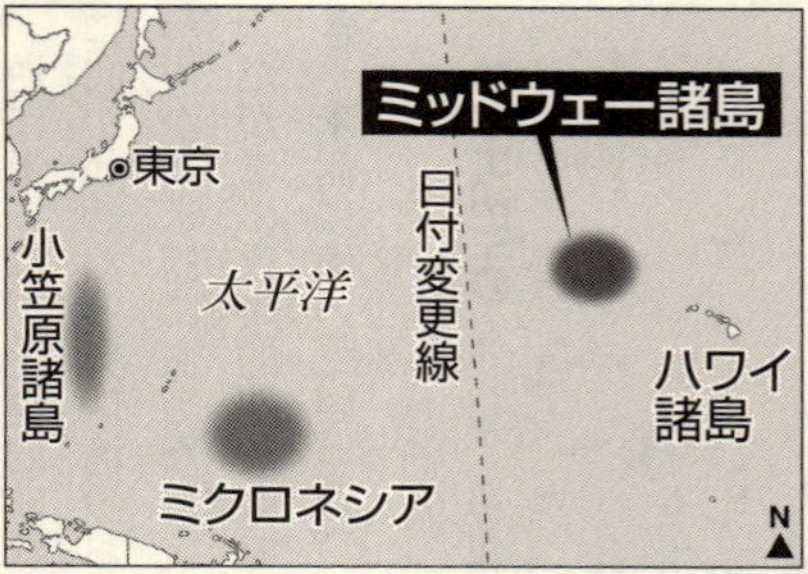

だがその途中、索敵機が米空母が近くにいることを発見、再び魚雷に積み替え、発艦しようとした午前10時24分、米軍の急降下爆撃機がいっせいに「赤城」などを襲う。魚雷や爆弾を抱えた自軍の攻撃機が次々と爆発、「赤城」「加賀」「蒼龍」は30分後には炎に包まれてやがて沈没、残る「飛龍」も夕方までに沈む。後方の主力部隊も援軍に間に合わなかった。

暗号解読など「情報戦」で負けたのは確かだった。だがそれでも積み替えに手間取らずあと30分も早く飛び立てておれば、互角に戦えていた。

逆に米軍は、圧倒的に戦力が劣る中、日本軍の混乱を狙い、一か八かで全機を攻撃に向かわせた。真珠湾のお返しともいえる「乾坤一擲《けんこんいってき》」の勝負が成功したのだ。運がわずかに米側にあったと言ってもいい。だがこの致命的な敗戦で、北太平洋の制海権は米国に握られ、緒戦圧勝の戦況も大きく米側に傾いていった。

▼本土初空襲

昭和17（1942）年4月18日白昼、米爆撃機B25が16機、日本本土に飛来した。このうち、13機は東京や横須賀など、3機は名古屋や神戸などを爆撃した。日本側は爆撃があっても翌日と見ていたこともあり、全国で40人以上の死者が出た。

B25は日本の東約1200キロの太平洋上の空母「ホーネット」から発進した。ドーリットル中佐率いる80人が搭乗、爆撃後は日本軍が占領していない中国の飛行場に着陸する予定だったが、実際には途中で燃料切れになって日本占領地区に不時着するなどして、捕虜となったパイロットも多かった。

1942年8月-11月

南の島で飢えと疫病に苦しむ

ガダルカナル奪還できず

日本では「ガ島」などと略されるガダルカナル島はニューギニア島の東約千キロの南太平洋にある。中心都市ホニアラは独立国「ソロモン諸島」の首都だ。平成20（2008）年、この島を訪れた牧野弘道氏の『戦跡に眠る日本人の魂』によれば、ホニアラの人口は6万人を超え、立派なホテルも建つ近代的都市となっている。

だが昭和17（1942）年まで遡《さかのぼ》ると、栃木県とほぼ同じ広さの島に住むのは5千人ほどだった。全島はほぼジャングルに覆われ、わずかにヤシなどが栽培されていた。この「無名」の島が一躍、歴史上に登場するのはこの年の6月、日本海軍が飛行場の建設を始めたことからである。

日本は太平洋での緒戦に勝利したものの、米国とオーストラリアの連合軍が大々的に反攻に出てくると恐れ、その拠点となるだろう南太平洋のソロモン諸島やフィジー、サモア方面の制海権、制空権を握ることに力を注いだ。

5月3日にはまず、ガ島の北40キロ、フロリダ島湾内にある小さな島、ツラギを占拠した。英国が植民地とするソロモン諸島経営にあたる高等弁務官をここに駐在させていたほか、オーストラリア軍の水上機基地もあったからだ。

基地はそっくりいただき、米豪軍へのにらみをきかせたが、さらにこの基地を守るための飛行場も欲しいということになる。物色の結果、ガ島北部の比較的平坦な地に設営することになった。

1万9千人の米豪連合軍が急襲、守備隊ほぼ全滅

建設に当たったのは海軍の2つの設営隊約2600人である。大半は工事関係の軍属だった。ところが完成間近の8月7日、約1万9千の米海兵隊員を乗せた米豪連合軍大艦隊がツラギ、ガダルカナルを襲う。

ツラギの日本守備隊をほぼ全滅させた後、1万あまりの海兵隊がガ島に上陸を果たす。軍属を除く陸戦隊など戦闘要員はわずか400人ほどという日本軍は必死に応戦したが、多勢に無勢で飛行場を放棄せざるを得なかった。

連絡を受けた日本海軍は三川軍一中将率いる第八艦隊をガ島北の海域に向かわせた。8日夜、待ち受けた米豪艦隊とのいわゆる第1次ソロモン海戦で、重巡洋艦「鳥海」などの三川艦隊は米軍の「アストリア」など重巡4隻を沈め、制海権を握った。

その上で陸軍は第十七軍の一木支隊（一木清直大佐）を上陸させ飛行場を奪還しようとした。18日、飛行場の東40キロに上陸した支隊９００人は21日早朝、敵陣に白兵戦を試み、突撃を繰り返したものの、９００人中約８００人が戦死、ほぼ全滅した。

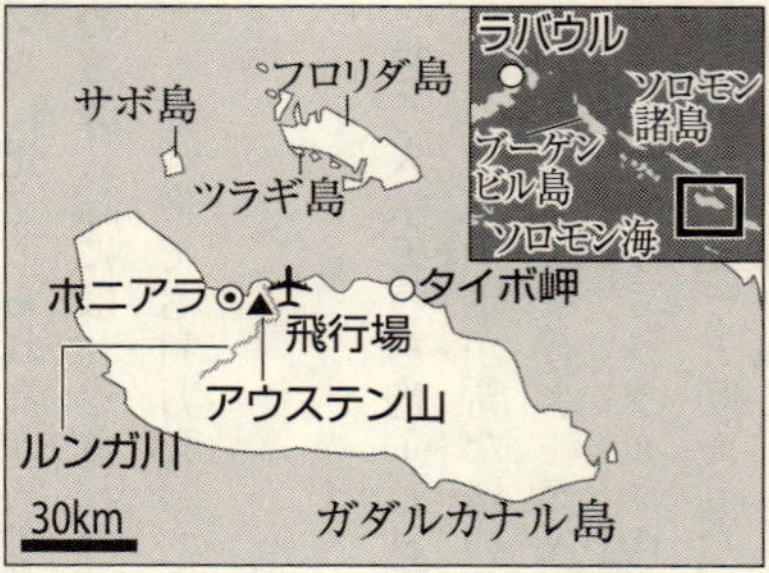

日本軍はガ島の米海兵隊の数を約2千人と過小にみていた。「優秀な日本兵なら９００人でも勝てる」と思い込んでいたという。

この後、9月には川口清建少将の第十七軍川口支隊約4千、10月には蘭印（オランダ領東インド）攻略で名をはせた丸山政男中将の第二師団を上陸させるが、いずれも奪還には失敗する。

第二師団の場合、飛行場南のアウステン山の南麓を大きく迂回《うかい》して攻撃する作戦をとった。しかし雨のジャングルに足を取られながらの前進で、時間を大きくロスしたほか兵も疲弊し、守りを固める海兵隊にはね返された。

一方、海でも11月13日からの第3次ソロモン海戦で敗戦を喫し、制海権を失ってしまう。

3万人余のうち約1万9千人が戦死・戦病死

このため米軍が新たに約3千の兵員や武器、食料を上陸させたのに対し、日本側は小さな駆逐艦や潜水艦で夜間秘《ひそ》かに補給する「ネズミ輸送」に頼らざるを得ない。将兵たちは、ジャングルの中で飢えやマラリアなどの疫病に耐えるしかなく、「まるで餓（ガ）島だ」と嘆かせた。

この年の大晦日《おおみそか》、大本営はついにガダルカナルからの撤退を決定、翌18年2月から駆逐艦による救出作戦が始まった。

3万余りの投入兵力のうち戦死・戦病死者は約1万9千人といわれる。その悲惨さもさることながら、ガ島を失ったことで、日本はいよいよ米国を中心とした連合軍の厳しい反撃を被ることとなった。

▼ニューギニアの戦い

ガダルカナルとほぼ同時期、日本軍が南方で力を注いだのが東ニューギニア（現パプアニューギニア）のポートモレスビー攻略だった。当時オーストラリア領で米豪連合軍の航空基地となっていたからだ。

昭和17年9月、陸軍の南海支隊が北東海岸から山越えにポートモレスビーの北50キロにまで迫ったが、ガ島同様、糧食不足やマラリアへの感染などで苦闘、退却を余儀なくされた。この後北東海岸に上陸するなどした米豪軍約2万の逆襲を受け、18年1月にはブナの守備隊が玉砕、ニューギニア島からも撤退せざるを得なくなっていく。

1944年3月–7月

英軍のインドくぎ付け狙ったが

インパール作戦、悲惨な退却

昭和18（1943）年11月5日、東京で大東亜会議が開かれた。日本の呼びかけで、大東亜戦争勝利のためアジア各国の団結を目指すものだった。中で話題となったのは、中国南京政府やビルマ（現ミャンマー）、フィリピンなどの首脳に加え、自由インド仮政府のチャンドラ・ボース首班がかけつけたことだった。

インド独立運動家のボースは10月、日本軍が英軍を追いやったシンガポールで、仮政府の樹立を宣言、日本に強い信頼を寄せていた。ボースは奇抜な行動も多く批判も多かったが、独立にかけるいちずな情熱は、会議を主宰する東条英機首相や日本国民に感銘を与えた。だがそれは、悲惨な結末に終わる「インパール作戦」の呼び水ともなったのだ。

日本軍は昭和17年5月までに、英領インドに併合されていたビルマから英軍を放逐、占領した。目的はインド東北部のアッサム地方からビルマ北部を経由して中国雲南省に向かう米英の援蔣ルート、つまり日本と戦う蔣介石の国民党政府を支援する道を遮断することにあった。

だがインドの英軍は北の国境から反撃の機会をうかがっていた。そこで日本側に浮上したのが、逆に国境に近いインドのインパールからアッサムまで攻略する作戦である。ビルマの守りを安泰にさせるうえ、インド独立運動を活発化させ、英軍をインドにくぎ付けできると考えたからだ。

補給に難あり、いったんは立ち消え

とはいえこの地域の制空権は確保されていない。しかも峻険《しゅんけん》な国境の山や川を越さねばならず、武器や食料の補給に難がある。このため反対論も強く、いったん立ち消えとなった。だが18年3月、ビルマ方面軍が新設され、その下の第十五軍司令官になった牟田口廉也中将は熱心にその必要性を唱えた。問題の補給については、ゾウや牛に荷物を運ばせ、食料が尽きたらそれを食べるとした。

9月には陸軍参謀本部もアッサムまでは認めないが、インパール攻略の準備を許可した。参謀総長を兼ねていた東条も、大東亜会議でボースが、インパールでの「共

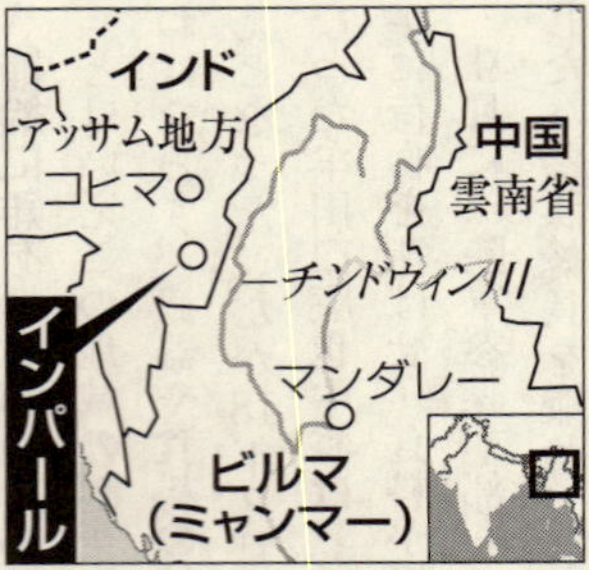

闘」を熱心に申し入れたこともあって受け入れ、正式に作戦の実行が決まった。攻撃に当たったのは十五軍麾下《きか》の第三十三、三十一、十五の各師団である。

三十三師団は19年3月8日、比較的補給も容易な東側のコースを北上し始める。三十一師団は1週間遅れて、北側から国境を越えインパールの北約100キロのコヒマを占領、英軍の補給を断ちながら十五師団とともに南下する。つまりインパールを南北から挟み撃ちする作戦だった。

しかし実際に攻撃を始めると、英印軍の屈強な抵抗に全滅の危惧を感じた三十三師団の柳田元三師団長は、しばしば攻撃を中断させた。牟田口軍司令官に作戦の中止を具申するほどだった。

死者約3万人。大半は栄養失調・マラリア…

三十一師団は4月6日には首尾よくコヒマを落としたが、その後南下をはばまれ、十五師団もコヒマとインパールの間で孤立してしまう。しかも両師団とも心配された補給不足に直面する。牛のほとんどはチンドウィン川を渡ることができなかったという。

特に食料不足で戦闘意欲を失っていく兵たちを見た三十一師団の佐藤幸徳師団長は6月3日、独断で退却を開始した。

これに対し牟田口軍司令官は病気の山内正文第十五師団長を含め3師団長を相次いで更迭し、攻撃続行を命じる異常事態になった。河辺正三ビルマ方面軍司令官も「日印両国の運命がかかっている」と叱咤《しった》したが、補給不足は打開しようもなく7月9日、最終的に撤退を命令した。

しかし英印軍の追討や食料不足などで、退却戦は容易ではなかった。約3万人に上った戦死・戦病死者の大半は退却中に栄養失調やマラリア、赤痢などで倒れたといわれ、この大戦中最も悲惨な戦場となった。

補給を無視した牟田口の「突撃主義」の破綻だったが、牟田口一人のせいでもなかった。敗色濃いこの時期、日本軍全体を覆っている問題だった。

▼インパール作戦とインド独立

インドは1858年以来英国の植民地となった。英国はマレー、シンガポール、インパールなどで本国から派遣された師団にインド兵を組み込んだ英印軍を編成、日本軍と戦わせた。これに対しチャンドラ・ボースのインド国民軍はインパールでは日本軍とともに英印軍と戦ったが、さほど戦果を残せなかった。

しかし日本が敗退後、英国がこの国民軍の兵士を拘束、裁判にかけたことからインド中に反英・独立運動が激化する。日本やドイツとの戦争で疲弊した英国にもはやこれを抑える力はなく、独立を認めざるを得ず、「独立を30年早めた」とも言われる。

1944年6月-7月

無敵の「連合艦隊」も後退

最後の砦・サイパン陥落

昭和18（1943）年4月18日朝、連合艦隊司令長官、山本五十六海軍大将は、指揮をとっていたニューブリテン島のラバウルから一式陸攻機に乗り、南東に400キロほど離れたブーゲンビル島に向かった。ガダルカナル撤退後も、ソロモン諸島付近で激しい航空機戦に臨んでいる航空基地の隊員の士気を鼓舞するためだった。だが午前9時半過ぎ、ガダルカナル島を飛び立ちブーゲンビル上空で待ち伏せしていた米軍機16機の攻撃を受ける。山本は全身に銃弾を浴びた上、搭乗機がジャングルに墜落し即死した。59歳だった。司令官の予定を伝える暗号電文が米側に解読されていたのだ。

国民的英雄となっていた山本の戦死が国民や前線の戦士たちに与えた衝撃は大きかった。同時にかつて無敵を誇った「連合艦隊」のその後の後退につぐ後退を予感させるできごととなった。

昭和17年8月の米軍によるガ島上陸以来、19年2月のラバウル撤退までのソロモン諸島近海での消耗戦で日本軍は多数の艦船ばかりでなく、7千を超える航空機、7千人以上の搭乗員を失ってしまった。

これにより制海権を握った米軍など連合軍は日本本土に向け反攻を始める。18年5月には米軍がアリューシャン列島のアッツ島に上陸、日本の守備隊が玉砕した。11月には、米軍がブーゲンビル島に上陸、19年2月には連合艦隊が新たな拠点としていたミクロネシアのトラック島を爆撃、連合艦隊は主力は内地へ、遊撃部隊はパラオに撤退せざるを得なかった。

空母部隊と戦艦部隊を結集、連合軍と決戦を挑む

巻き返しを期す海軍は19年6月3日、ボルネオ島北方のタウィタウィ泊地に小沢治三郎中将率いる空母部隊と栗田健男中将の戦艦部隊を結集させた。さらにマリアナ諸島テニアン島に拠点を置く基地空軍を設け、1600機以上の飛行機をサイパン、グアム、ヤップ、パラオなどの島に配備、艦船と陸の双方から迫る連合軍との「決戦」に持ち込もうとした。

同時期、米軍がニューギニア島北のビアク島に上陸、タウィタウィの部隊の主力が同島を奪還に向かった。ところがその裏をかくように、米の空母など機動部隊が6月11日、マリアナ諸島の東の海上に現れ、サイパン、グアム、テニアンなどの日本軍基地に猛爆を加えた。

さらに2日後にはサイパンに艦砲射撃を加え、15日に上陸、たちまち占領してしまった。これに対し日本軍は急遽《きゅうきょ》、小沢艦隊を向かわせる一方、日本が誇る戦艦「武蔵」「大和」とも合流させ、19日マリアナ沖での一大海戦に臨んだ。

とはいえ戦力は空母だけみても日本の9隻に対し米は15隻、空母の艦載機も400機余りの日本に対し米は約900機を数え、米側の優位は明らかだった。

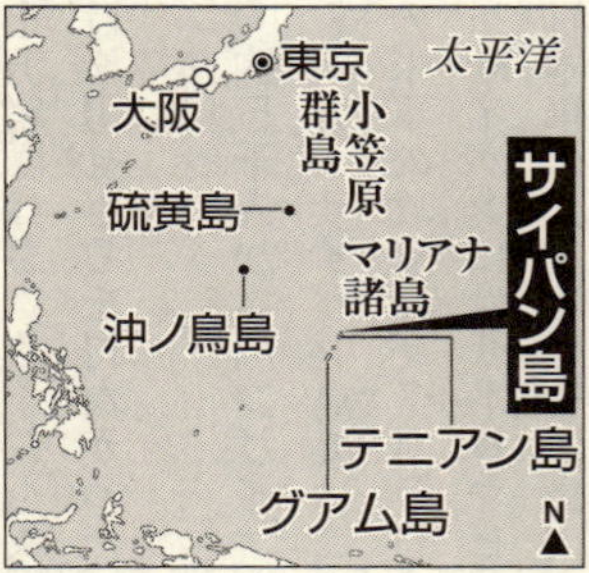

このため小沢中将は米艦の攻撃範囲外の遠くから先制攻撃をかけるという「アウトレンジ」戦法をとる。しかし19日朝、空母を飛び立った日本軍機は暗雲のため敵艦隊を容易に発見できない。

逆に米軍は駆逐艦に配備したレーダーで来襲する日本機を捉え、戦闘機が上空で待ち伏せし、次々と撃墜した。

小沢艦隊は2次攻撃にも失敗、20日には空母「飛鷹」などを撃沈させられ、日本に向け撤退せざるを得なかった。

約5千人が「バンザイ」と叫び断崖から身を投げる

一方、サイパン島ではこの海戦の大敗で陸海両軍の守備隊は孤立、上陸した約7万の米軍の攻撃に、7月7日までに玉砕を余儀なくされてしまった。

サイパンにはサトウキビ栽培などに従事する民間の日本人約2万5千人がいたが、日本軍の兵士とともに島内を逃げ回った。しかし守備隊の玉砕により、島の北端にまで追い詰められ、約5千人が「バンザイ」を叫びながら断崖から身を投げる悲劇を招いた。米軍はこの岬を「バンザイ・クリフ」と呼ぶ。

一方、米側はサイパンを得たことで2千キロ余り離れた日本本土をB29爆撃機（航続距離約5千500キロ）の射程に入れた。いよいよ日本の「敷居」に立つことになったのである。

▼東条内閣総辞職

サイパン陥落は、陸相や陸軍参謀総長も兼任し「独裁」色を強めていた東条英機の内閣をも揺さぶった。元首相の岡田啓介海軍大将を中心に近衛文麿ら「重臣」たちが昭和天皇側近の木戸幸一内大臣を動かし、倒閣の動きを鮮明にしたからだ。

閣内でも岸信介国務相・軍需次官が「サイパンを落としては戦争は続行できない」と講和を主張するなど不統一が目立ってきた。これに対し東条は内閣改造で切り抜けようと岸らに辞任を迫ったが、岸らはこれを拒否、昭和19年7月18日、ついに総辞職となった。後継として陸軍の小磯国昭が組閣を命じられた。

1944年10月

栗田艦隊「痛恨の反転」

レイテ湾「殴り込み」できず

2013（平成25）年11月、台風30号がフィリピン中部を襲った。特にレイテ島は中心都市タクロバンが高潮によりほぼ水没するなど、大被害に見舞われた。死者は7千人を超えたという。少し年配の日本人はこのニュースを特別な感慨をもって聞いたに違いない。

レイテ島は大東亜戦争末期、その沖で「連合艦隊が戦った最後のしかも決定的な海戦」（伊藤正徳『連合艦隊の最後』）があり、日本の守備隊が壮絶な玉砕を遂げた島だった。

昭和19（1944）年夏、マリアナ沖海戦で日本が敗れ、サイパン島が米軍の手に落ちた後、日米双方とも次の「決戦場」をフィリピンと見るようになった。

日本海軍はと言えば、スマトラ島沖のリンガ泊地で猛訓練を行った。フィリピンでもう一度決戦を挑み、巻き返すべく、艦船、航空機の不足を訓練で補おうとしていたのだ。一方米側では2年半前、日本軍によってフィリピンを追い落とされたダグラス・マッカーサー大将が復讐《ふくしゅう》の念に燃え、この地を取り返そうとしていたからだ。

マッカーサー、フィリピンに帰る

10月17日、やはり台風が荒れ狂う中、マッカーサー軍は突然、フィリピン沖にその姿を現す。翌18日にはレイテ湾に突入、20日、タクロバンなど2カ所から同島に上陸を開始した。マッカーサーは艦上からフィリピンゲリラ部隊の電波を使い、芝居がかった演説でフィリピン国民に呼び掛けた。

「私はマッカーサー大将である。フィリピン市民諸君、私は帰ってきた」

レイテ島守備に当たる陸軍第十六師団は抵抗したが、水際死守作戦はとらなかったため、約6万の米軍は、上陸を比較的短時間で終え、タクロバンの飛行場などを占領した。

このため日本軍はフィリピンでの決戦場をルソン島からレイテ島に変える。守備隊に徹底抗戦させる一方、戦艦「大和」「武蔵」などによる第二艦隊、いわゆる栗田（健男中将）艦隊をレイテ湾に突入させようとした。

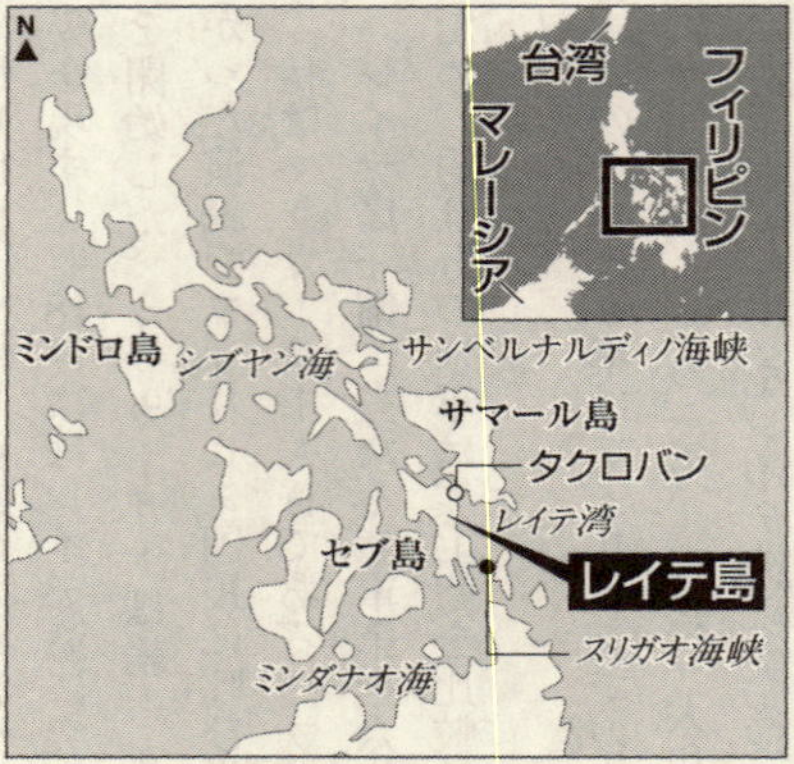

栗田艦隊主力は22日朝、ボルネオ島ブルネイ湾を出港、北東のフィリピン・シブヤン海を目指した。ルソン島南のこの海を西から東へ横切り、いったん太平洋に出た後、レイテ湾に「殴り込み」をかける作戦だった。

だが翌23日には早くもパラワン島沖で米潜水艦の魚雷攻撃を受け旗艦「愛宕」を失う。さらに24日にはシブヤン海で自慢の「武蔵」が３００機に上る米軍機による集中攻撃を受け撃沈する。このためいったん、太平洋との間のサンベルナルディノ海峡通過を断念したが、再度進撃に移り、夜には同海峡を通過するのに成功する。

敵をおびき出す「おとり」作戦は成功したが…

この間、小沢治三郎中将率いる空母「瑞鶴」「瑞鳳」など第一機動艦隊は、自ら壊滅覚悟の「おとり」となり、米ハルゼー大将の機動部隊をはるか北の海上におびき出すことに成功した。海峡はがら空き同然になっていたのだ。

25日朝、サマール島沖で米空母部隊に「大和」などが砲撃を浴びせた後、いよいよレイテ湾突入と思わせたところで、栗田艦隊は突然北へ反転しレイテ島を後にしてしまった。その後、小沢艦隊とともに満身創痍《そうい》になりながら、ブルネイ湾に引き揚げる。

この栗田艦隊の「反転」については栗田中将が戦後、ほとんど口を開かなかったこともあり、さまざまな臆測がなされた。

南のミンダナオ海からスリガオ海峡を通り、合流してレイテ湾に殴り込みを予定していた西村祥治中将の西村部隊が海峡で待ち伏せに遭い壊滅した。このため突入しても戦力不足だと判断したとの見方があった。また湾内に残る米艦はほとんど兵士を運ぶ輸送部隊で、それよりも湾外の戦闘部隊を潰す方が得策と考えた―などの説もある。

だが突入して上陸した米軍を孤立させれば、マッカーサーのフィリピン奪還が遅れたことは間違いない。日本本土攻撃にも時間がかかり、連合艦隊が反撃態勢を整える機会もできたかもしれない。その意味で「痛恨の反転」と見る史家も多い。

▼レイテ地上戦

米軍のレイテ島上陸に対し、日本の陸軍は「レイテ決戦」を打ち出し第十六師団にプラスして第一、第二十六師団、独立混成第六十八旅団などを増派した。

しかし栗田艦隊がレイテ湾突入を回避、米軍がフィリピンの主島ルソン島に上陸するや、レイテ決戦を断念、第十四方面軍（山下奉文軍司令官）は、各師団、旅団を束ねる第三十五軍に「自活自戦」を命じる。もはや撤収のための艦船もほとんどなく、見捨てられた形だった。それでも両師団は島西方の山岳部にこもり、戦い続けたが玉砕に近い形で終戦を迎えた。

第7章
悲壮な戦いと結末

1945年4月–6月

特攻隊、沖縄戦で次々と体当たり

米軍は畏怖と敬意抱く

鹿児島の薩摩半島南端にある開聞岳は標高900メートルあまりだが、東シナ海から直接突き上がったような山容には思わず息をのむ。

昭和20(1945)年4月から6月、20キロほど北北西の知覧町(現南九州市)にある陸軍基地を飛び立った特別攻撃(特攻)機はまず、この美しい山を目指した。訓練飛行でなじんだ山に別れを告げると、まっすぐに南下する。500キロも飛べば今や米軍が席巻する沖縄の海である。決して帰還することのない自爆攻撃への旅である。

爆弾を抱えたまま敵の艦船や基地に体当たりする特別攻撃が日本軍に登場したのは前年、昭和19年10月の比島沖海戦だった。

海軍第一航空艦隊司令長官に就任した大西瀧治郎中将は10月19日フィリピン・マニラの北マバラカットの第二〇一航空隊の本部を訪ね、幕僚たちを前にひとつの「提案」を行った。マッカーサーの米軍がレイテ沖に姿を現し翌日上陸を始める。これに対し日本軍は栗田健男中将率いる「栗田艦隊」がレイテ湾に突入、決戦を挑もうという時期である。

250キロ爆弾を積んだ零戦で敵艦に突っ込む

大西は突入を成功させるためには、近海に展開している米機動部隊の空母の甲板を、1週間ぐらいは使えなくするまでに攻撃する必要があると力説した。だが二〇一航空隊でもはや30機しかない状況で、250キロの爆弾を積んだ零戦（零式艦上戦闘機）を体当たりさせるしかないと言うのだった。

幕僚らは賛同、隊内から志願した24人により20日「神風特別攻撃隊」が組織され、21日から25日にかけレイテ湾などの敵艦を攻撃、合計110人の隊員が散華していった。一航艦参謀だった猪口力平大佐らが戦後すぐに書き残した神風特攻隊誕生の事情である。

ただそれは大西の「一存」ではなく「トップとの黙契の下で行われたとみる方が自然」（産経新聞社編『あの戦争』）との見方も根強い。フィリピン出発前、大西から特攻の必要性を力説された及川古志郎海軍軍令部総長が「決して命令して下さるな」と念押ししたとの記録があるからだ。

そしてこの「異常なる攻撃法」は「航空戦術の一つの型として定石化」(伊藤正徳『連合艦隊の最後』)していく。最も「威力」を発揮したのが、20年4月に本格化した沖縄戦だった。

沖縄を日本本土爆撃の基地にしたい米軍は4月1日、沖縄本島中部の嘉手納・北谷海岸に艦砲射撃を行って上陸を開始した。

これに対し陸軍の第三十二軍(牛島満中将)は少しでも米軍を引きつけようと、上陸は許しながらも島民とともに持久戦に持ち込み、6月20日まで3カ月近くも攻撃に耐えた。この戦いを空から支援したのが特攻だった。

知覧をはじめ鹿屋、加世田など南九州各地の基地を飛び立つ神風特攻機は、次々と米艦に体当たり攻撃しては散華していった。『連合艦隊の最後』によればレイテ以来神風特攻による戦死者は2198人、航空機は1192機に上るという。

駆逐艦など34隻を沈没させる

その「戦果」は、特攻隊員からの報告は届かないのだから日本側は正確な数はつかめない。ただ米側の報告によれば、沖縄戦だけで空母から上陸用舟艇まで各艦250

隻が大部分特攻攻撃により損害を受け、駆逐艦以下の34隻が沈没した。
だが最も大きな「戦果」は『連合艦隊の最後』も書くように「米軍に恐怖の念を与えた」ことだった。戦後、米国の航空隊司令が横須賀に駐屯する米軍搭乗員たちに神風特攻機をどう考えるか聞いたところ10人中7人までが「敬意を払う」と答えたという。

国が滅びようとする瀬戸際に一身を投げ出して最後まで戦うという日本人の勇気に、米国人は心から畏怖の念を持った。このことは戦後日本に対し、分割統治など苛酷な占領政策を避けたことと無縁ではないし、日米安保条約とともに、日本を守る「抑止力」の役目を担ったことも事実だろう。

その意味で現代の日本人にとって、特攻隊員たちの散華は決して無駄な戦いでも死でもなかったといえる。

▼戦艦「大和」の「特攻」

米軍が沖縄上陸を開始したばかりの昭和20年4月7日、薩摩半島・坊ノ岬西南西約200キロの海上で、日本海軍が誇る戦艦「大和」が沈没した。

「大和」は沖縄決戦を叫ぶ海軍の要望を担い、一大決戦を行うため沖縄に「特攻」に向かう途中だった。前日の6日、護衛の駆逐艦などを率いて山口県・徳山港を出撃、米軍機に気付かれないよう、大隅半島の佐多岬沖で西へ転進、蛇行して沖縄を目指したが発見され、猛烈な空爆を受け、撃沈されたのだ。国民に大きな衝撃を与えたのは言うまでもない。

1945年3月－8月

空襲、原爆投下…米は無差別殺戮

大統領も「抹殺発言」

松本清張の『砂の器』に、大阪大空襲で区役所と地区の法務局が全焼し、戸籍原簿が焼失したという話が出てくる。ある男がこれを利用して自らの戸籍をでっち上げるのだ。むろん小説であり、そんな犯罪が実際に行われたかどうかは分からない。ただ大空襲が戸籍業務も狂わすほど激しいものだったことは間違いない。

昭和20（1945）年3月13日夜から14日未明にかけ、米爆撃機B29、274機が大阪を襲った。低空から約7万個という焼夷《しょうい》弾を落とし、大阪市内をほぼ焼き尽くした。市民3千人余りが亡くなり、13万戸以上の家屋を焼失した。

その4日前の3月10日未明、首都東京への空襲は、もっとすさまじかった。9日夜、房総半島南部から東京にかけ数機のB29が侵入してきたが、そのまま去った。このため午後10時半に出された空襲警報もいったん解除され、市民も安心して眠りについたが、10日に日付が変わったころ、おびただしいＢ29が来襲した。

約10万人の犠牲者を出した東京大空襲

午前0時8分ごろから最初の編隊が現在の江東区から墨田区にかけ次々と焼夷弾を投下、15分に再び空襲警報が発令されたときには下町一帯はすでに炎に包まれていたという。

マリアナ諸島の爆撃基地から飛来したＢ29は米側史料によると３３４機に上った。まず最初の編隊が巨大な長円状に焼夷弾を落とし「火の壁」をつくる。後続機はそれを目印に、壁の中に次々と爆弾を落とす。

この日は30メートルという強風も吹いていたといい、人々は逃げ場をふさがれ、焼死していくしかなかった。その数はいまだに確定していないが、10万人を超えるという見方もある。完全な無差別殺戮《さつりく》と言ってもいい。

東京が初めて本格的空襲を受けたのは前年昭和19年11月24日、88機のＢ29が武蔵野町（現武蔵野市）の中島飛行機武蔵工場などを爆撃し５５０人の死傷者を出した。

この時点での空襲は昼間、１万メートルほどの高さから軍需工場を中心に狙ったものので、時に精度が狂い、一般の民家などにも被害が出た。だがマリアナの米軍Ｂ29爆撃兵団の指揮官が20年1月、カーチス・ルメイ少将に代わったことで、夜間低空から焼夷弾を使う無差別じゅうたん爆撃が採られ、非戦闘員も対象とされた。

その最初が3月10日の東京で、大阪を経て17日には３０９機のＢ29が神戸に来襲した。神戸では8月まで度重なる夜間空襲で８８００人余りが死亡、15万戸余りが全焼した。空襲はやがて地方都市にも広がり、市民が逃げ惑うことになる。

無差別殺戮の行き着いたところが、８月６日、９日の広島、長崎への原爆投下だった。広島では被爆直後だけで、10万人以上が犠牲になった。約16時間後、米大統領ハリー・トルーマンは声明を発表した。

「われわれは現在、日本が有するいかなる都市、いかなる生産施設も迅速かつ完全に抹殺する用意がある」。一国の大統領とは思えない威嚇であった。

通用しない「早期降伏を促すため」

戦後、戦勝国側では原爆投下を「日本の力を徹底的に削ぎ、これ以上われわれの国民の命を失わないため」「日本に早期降伏を促すため」などと正当化してきた。

しかし当時の日本はもうほとんど戦う力を失い、降伏に傾きかけていた。それに「だめ押し」をするにしては、10万人の非戦闘員を無差別に殺戮する原爆投下は残虐過ぎた。

しかも威嚇なら必要ない2度目の投下を長崎に行っている。世界に先駆けて開発して原爆の威力を試すためだったと見られても仕方がない。先進国としての理性を失っていたと言ってもいい。後に東京裁判関連で米国人検察官に尋問された元陸軍中将、石原莞爾は「戦犯に問われるべきはトルーマンだ」と喝破している。

むろんこの新型爆弾が日本の首脳陣に与えたショックは大きく、9日のソ連参戦とともに、急速に降伏に傾かざるを得なくなる。

▼硫黄島の攻防

東京や大阪が大空襲を受けていた時期、硫黄島をめぐる日米の激しい攻防が続いていた。東京とサイパンとのちょうど中間にあり、米軍は日本本土を攻撃する基地にしたかったのだ。

米軍は2月19日、1万の兵力が上陸を開始した。しかし栗林忠道中将率いる日本の守備隊は島中に坑道や洞窟陣地を築いて頑強に抵抗した。このため攻防は長期化した。しかし物量に勝る米軍はついに坑道や洞窟陣地を攻略、3月下旬占領に成功した。日本軍は栗林中将以下約2万人が玉砕、米軍も7千人近くの兵員を失うという死闘となった。

1945年8月9日

分け前にありつくために参戦

中立条約踏みにじったソ連

広島に原爆が投下されて2日後の昭和20（１９４５）年8月8日夕、駐ソ連大使、佐藤尚武はクレムリンで、モロトフ外務人民委員（外相）と会う。

佐藤は本国の訓令を受け、ソ連仲介による和平に一縷《いちる》の望みを託し、モロトフに会見を申し入れていた。それだけに、前向きな提案があるかと多少の希望を持ってクレムリンに向かう。だがそこで手渡されたのは非情な日本への宣戦布告文だった。

宣戦布告は、日本が7月26日の米、英などによる要求、ポツダム宣言を拒否したことをあげ「連合国からの戦争終了促進のための対日参戦要求を受け入れる」としていた。

日本とソ連は近衛内閣時代の昭和16（１９４１）年4月13日、中立条約を結んだ。互いの領土の不可侵を尊重するとともに、一方が他国と紛争を起こした場合、中立を守ることをうたっていた。

条約の期限は昭和21年4月までだった。1年前の20年4月にソ連が不延長を通告したとはいえ、この時点では明確に有効であり、宣戦は卑劣な裏切りだった。

ヤルタ会談で対日参戦密約、2日早める

ソ連は実はこの年2月、クリミア半島のヤルタで行われた米、英、ソ連の3首脳会談で、ドイツ降伏後3カ月以内に対日参戦することを「密約」していた。日本での「本土決戦」を避けたい米国のルーズベルト大統領の「要請」にスターリン首相が応えたのだった。だが密約は戦後になるまで極秘にされ、佐藤尚武は著書の中で、ソ連の厳しい監視活動の中で、全く察知できなかったことを認めている。

日本外交はすでに参戦を決めている相手に和平仲介の望みを託していたのである。スターリンは当初8月11日を参戦の日と決めていた。だが6日の広島への原爆投下で降伏が早まり「分け前」にありつけないのを恐れ、前倒ししたのだという。そしてその方針通り9日未明には、総兵力157万といわれる極東ソ連軍が、国境を越え満州国になだれ込んでくる。

日本も国策を「南進」に切り替えた後も、満州でのソ連への備えをおろそかにして

いたわけではなかった。むしろ逆だった。

ドイツが不可侵条約を破りソ連に攻め込んだ直後の16年7月、陸軍は関東軍特種演習（関特演）の名目のもとに、満州への大幅動員をかけた。

ドイツとの戦いでソ連の極東軍が西部に大移動すると予測、その間にソ連領に侵攻、南進と同時並行で北方問題も一気に片付けようという二正面作戦だ。むろんこれも締結したばかりの日ソ中立条約を無視するものだった。結果的にソ連軍の西進は見られなかったため対ソ戦は回避されたが、関特演により関東軍の兵力は一気に74万人以上にふくれあがった。

しかし17年のガダルカナル敗北から南方での戦況が厳しくなり、本土決戦も考えられるようになると、関東軍の精鋭部隊は次々とフィリピン、ビルマ、それに内地の守りにと間引きされていく。

在満州の日本人成年男子を残らず召集する「根こそぎ動員」で兵員数は何とか保ったものの、練度や装備の面での弱体化はぬぐいようがなかった。

兵士はシベリアに連れ去られ、厳しい労働に従事
ソ連軍の満州侵攻後、関東軍は崩壊、敗走するしかなく、多くの兵士は一部の満州国官吏らとともにシベリアに連れ去られ、厳しい労働につかされる。武装解除した日本の軍隊は家庭に帰らすと約束したポツダム宣言違反だった。

また満州国北部に入植していた開拓農民ら関東軍が守るはずの多くの日本人がソ連軍により殺害されたり全財産を失ったりした。

このため戦後、関東軍に対する風当たりは強かった。しかしその関東軍もまた、無理な南北二正面戦略をとり、ソ連という国家の非情さに気付かなかった日本軍や日本政府の犠牲者であった。

いずれにせよこのソ連参戦は広島、長崎への原爆投下とともに、ようやく日本を降伏に踏み切らせる大きなできごととなった。

▼トルーマン大統領

第二次大戦末期の1945年4月12日、米国のF・ルーズベルト大統領が急死、ハリー・トルーマン副大統領が昇格した。

ルーズベルトは2月のヤルタ会談では病気でかなり疲れており、対日戦争を早く終わらせたい一心でソ連の参戦を要請、条件面でソ連のスターリンに押しまくられたといわれる。

これに対しトルーマンは戦後、反共色の濃い「トルーマン・ドクトリン」を発表したように、ソ連には強い警戒心を持っていた。これがソ連の参戦前に広島に原爆を投下、日本に早期降伏を促したという説につながっている。

「この内閣で結末を」と鈴木首相

「聖断」で降伏受け入れる

昭和20（1945）年8月9日午前3時、首相官邸に泊まり込んでいた内閣書記官長（ほぼ今の官房長官に当たる）、迫水久常は一本の電話で起こされる。「ソ連の宣戦布告」の一報だった。

すぐに丸山町の鈴木貫太郎首相の私邸にかけつけた。77歳、長く侍従長として仕えた昭和天皇の強いご希望でこの4月、首相となったばかりの老宰相はきっぱり、こう答えた。

「この戦はこの内閣で結末をつけることにしましょう」

そして午前10時半から宮中で開いた最高戦争指導会議で、連合国が日本に降伏を求めた「ポツダム宣言」の受け入れを提案する。

「ポツダム宣言」は、7月27日（日本時間）に出された。だが、鈴木内閣はこれを

「黙殺」するとした。無条件に受け入れるのでは「本土決戦」をとなえる陸軍をとうてい説得できない。さらに宣言が米、英、中国の名で出され、ソ連が加わっていなかったため、ソ連の仲介による和平にいちるの望みを託したのだった。しかし8月6日の広島への原爆投下に加え、ソ連参戦はそうした望みを打ち砕くものだった。

国体護持めぐり対立、クーデターで阻止論も

最高戦争指導会議では、天皇の国法上の地位を変更しない、つまり「国体護持」だけを条件に受諾を主張する東郷茂徳外相、米内光政海相に対し、阿南惟幾陸相らは「占領は小範囲、少兵力で」など多くの条件を加え、拒否に近い主張を行い対立した。会議の最中、長崎に2つ目の原爆が投下されたが、午後の閣議でも結論は出ない。鈴木は夜になって、天皇をお迎えして御前会議の形をとる異例の最高戦争指導会議を開く。

10日午前0時前、宮中の地下防空壕《ごう》で御前会議は始まった。一向に結論が見えない中、午前2時ごろ鈴木は「異例で畏れ多いことながら」と昭和天皇の「聖断」を仰いだ。天皇は「それならば私の意見を言おう。外務大臣の意見に同意である」と述べら

8月15日正午過ぎ、昭和天皇はポツダム宣言を受諾する終戦の詔書をラジオ放送で国民に伝えた。皇居前広場にはひざまずき頭を下げる人たちの姿があった

れた。閣議も午前4時前、受諾を決めた。

だがその後もすんなりとは進まない。「降伏」決定が伝わると、陸軍内には公然とクーデターによる阻止論が台頭する。

特に12日になって「国体護持」をあいまいにした連合国の回答が届くと、陸軍はさらに硬化する。少壮将校たちは阿南に対し「受諾阻止」を迫った。

鈴木は「このまま戦っても国体護持はできない」として揺るがないが、軍の不穏な空気が強まるため、14日、最高戦争指導会議と閣議との合同で再度、御前会議を開く。今度は天皇のお召しという形をとった。

昭和天皇が「いつでもマイクの前に立つ」

午前10時50分からの御前会議で昭和天皇は「私の考えに変わりはない。私自身はいかになろうとも国民を守りたい」と断言された。「国民に呼び掛けることがよければ、いつでもマイクの前に立つ」とも述べられた。自ら訴えることでしか、戦争を終わらせることはできないと見通されていたのだった。天皇が信頼する老宰相もそれにすがったのだ。

その後の閣議で終戦の詔書を天皇ご自身がレコードに吹き込み15日正午、ラジオで国民に呼び掛けられることが決まり、詔書の内容についても議論が行われた。

この間注目されたのは阿南の動向だった。もし陸相を辞任すれば鈴木内閣は瓦解《がかい》、終戦に向けての動きも頓挫するからだ。だが阿南は一度も辞意をもらさず、陸軍の軽挙妄動を抑えた。録音は予定より遅く14日深夜に行われ、レコードは宮中の奥深く保存された。

これに対し強硬に降伏に反対する畑中健二少佐ら一部の若手将校は宮城を守る近衛第一師団の森赳師団長を殺害し、偽の師団命令を作成、一時は宮城を占拠してレコードを奪おうとした。しかし果たせないまま、東部軍管区司令官の田中静壱大将により鎮圧された。
８月15日正午、「堪へ難キヲ堪へ」という昭和天皇のお言葉はセミ時雨の中、全国津々浦々に流れた。３００万人以上の命を失った日本人の戦争は3年8カ月余りで終わったのである。

▼阿南陸相の自決

鈴木内閣最後の閣議が終わった後、阿南惟幾陸相は陸相官邸に帰り8月15日未明、割腹し自決した。「一死 以て大罪を謝し奉る」との遺書を残した。昭和天皇のご聖断に反する行動をわびるとともに、一部軍人のクーデターの動きを封じるためだったとされる。

特攻作戦の生みの親とされる大西瀧治郎海軍中将も自決で多くの特攻隊員の後を追った。このほか開戦時の陸軍参謀総長だった杉山元元帥、本庄繁元侍従武官長、宇垣纏《まとめ》元連合艦隊参謀長、近衛文麿元首相ら多くの軍人、政治家が敗戦後さまざまな形で自裁の道を選んだ。

主な参考文献

＊吉村昭「ニコライ遭難」（新潮文庫）＊原田敬一「日清・日露戦争」（岩波新書）＊司馬遼太郎「坂の上の雲」（文春文庫）＊徳富蘇峰「蘇峰自伝」（中央公論社）＊谷寿夫「機密日露戦史」（原書房）＊古屋哲夫「日露戦争」（中公新書）＊横手慎二「日露戦争史」（中公新書）＊岡崎久彦「小村寿太郎とその時代」（PHP研究所）＊岩中祥史「鹿児島学」（草思社）＊原敬「原敬日記」（福村出版）＊岡崎久彦「幣原喜重郎とその時代」（PHP研究所）＊産経新聞取材班「日露戦争―その百年目の真実」（産経新聞社）＊瀧井一博「伊藤博文」（中公新書）＊古川薫「山河ありき―明治の武人宰相桂太郎の人生」（文藝春秋）＊千葉功「桂太郎」（中公新書）＊猪木正道「軍国日本の興亡」（中公新書）＊伊藤正徳「軍閥興亡史」（光人社NF文庫）＊チャオ埴原・中馬清福「『排日移民法』と闘った外交官」（藤原書店）＊保阪正康「蔣介石」（文春新書）＊加藤康男「謎解き『張作霖爆殺事件』」（PHP新書）＊産経新聞社「運命の十年―柳条湖から真珠湾へ」（産経新聞ニュースセンター）＊高橋正衛「二・二六事件」（中公新書）＊福田和也「昭和天皇」（文藝春秋）＊松本健一「三島由紀夫の二・二六事件」（文春新書）＊秦郁彦「盧溝橋事件の研究」（東京大学出版会）＊早坂隆「松井石根と南京事件の真実」（文春新書）＊北村稔「『南京事件』の探究」（文春新書）＊家近亮子「蔣介石の外交戦略と日中戦争」（岩波書店）＊上坂冬子「我は苦難の道を行く」（講談社）＊森山康平「はじめてのノモンハン事件」（PHP新書）＊田中克彦「ノモンハン戦争―モンゴルと満洲国」（岩波新書）＊福田和也「地ひらく―石原莞爾と昭和の夢」㊤㊦（文春文庫）＊斎藤良衛「欺かれた歴史―松岡洋右と三国同盟の裏面」（中央公論新社）＊須藤眞志「ハル・ノートを書いた男」（文春新書）＊川田稔「昭和陸軍の軌跡」（中公新書）＊参謀本部編「杉山メモ」㊤㊦（原書房）＊大本営陸軍部戦争指導班「機密戦争日誌」㊤㊦（錦正社）＊木戸幸一「木戸幸一日記㊤㊦」（東京大学出版会）＊イアン・トール「太平洋の試練」㊤㊦（文藝春秋）＊産経新聞社編「あの戦争」㊤㊥㊦（ホーム社）＊児島襄「太平洋戦争」㊤㊦（中公新書）＊伊藤正徳「連合艦隊の最後」（光人社NF文庫）＊葉治英哉「今村均―信義を貫いた不敗の名将」（PHP研究所）＊牧野弘道「戦跡に眠る日本人の魂」（PHP研究所）＊佐藤尚武「回顧八十年」（時事通信社）＊半藤一利「日本のいちばん長い日」（文春文庫）＊古川隆久「昭和天皇」（中公新書）

単行本　平成二十六年七月　産経新聞出版刊

産経NF文庫

子供たちに伝えたい 日本の戦争 1894～1945年

二〇一九年五月二十四日 第一刷発行

著 者 皿木喜久

発行者 皆川豪志

発行・発売 株式会社 潮書房光人新社

〒100-8077 東京都千代田区大手町一-七-二

電話/〇三-六二八一-九八九一(代)

印刷・製本 凸版印刷株式会社

定価はカバーに表示してあります

乱丁・落丁のものはお取りかえ致します。本文は中性紙を使用

ISBN978-4-7698-7011-1 C0195

http://www.kojinsha.co.jp

産経NF文庫の既刊本

日本が戦ってくれて感謝しています
アジアが賞賛する日本とあの戦争

井上和彦

インド、マレーシア、フィリピン、パラオ、台湾……日本軍は、私たちの祖先は激戦の中で何を残したか。金田一春彦氏が生前に感激して絶賛した「歴史認識」を辿る旅──涙が止まらない！感涙の声が続々と寄せられた15万部突破のベストセラーがついに文庫化。

定価〈本体860円＋税〉 ISBN978-4-7698-7001-2

日本が戦ってくれて感謝しています2
あの戦争で日本人が尊敬された理由

井上和彦

第1次大戦、戦勝100年「マルタ」における日英同盟を序章に、読者から要望が押し寄せたインドネシア──あの戦争の大義そのものを3章にわたって収録。日本人は、なぜ熱狂的に迎えられたか。歴史認識を辿る旅の完結編。15万部突破ベストセラー文庫化第2弾。

定価〈本体820円＋税〉 ISBN978-4-7698-7002-9

産経NF文庫の既刊本

国会議員に読ませたい 敗戦秘話

政治家よ！ もっと勉強してほしい

産経新聞取材班

敗戦という国家存亡の危機からの復興、そして国際社会で名誉ある地位を築くまでになったわが国――なぜ、日本は今、繁栄しているのか。国会議員が戦後の真の歴史を知らずして、この国を動かしているとしたら、日本国民としてこれほど不幸なことはない。

定価〈本体820円＋税〉 ISBN978-4-7698-7003-6

国民の神話

日本人の源流を訪ねて

産経新聞社

乱暴者だったり、色恋に夢中になったりと、実に人間味豊かな神様たちが多く登場し、躍動します。感受性豊かな祖先が築き上げた素晴らしい日本を、もっともっと好きになる一冊です。日本人であることを楽しく、誇らしく思わせてくれるもの、それが神話です！

定価〈本体820円＋税〉 ISBN978-4-7698-7004-3

産経NF文庫の既刊本

総括せよ！　さらば革命的世代
50年前、キャンパスで何があったか
産経新聞取材班

半世紀前、わが国に「革命」を訴える世代がいた。当時それは特別な考え方でもなかった。にもかかわらず、彼らは、あの時代を積極的に語ろうとはしない。彼らの存在はわが国にどのような功罪を与えたのか。そもそも、「全共闘世代」とは何者か？

定価〈本体800円＋税〉 ISBN978-4-7698-7005-0

金正日秘録
なぜ正恩体制は崩壊しないのか
龍谷大学教授　李　相哲

米朝首脳会談後、盤石ぶりを誇示する金正恩。正恩の父、正日はいかに権力基盤を築き、三代目へ権力を譲ったのか。機密文書など600点に及ぶ文献や独自インタビューから初めて浮かびあがらせた、2代目独裁者の「特異な人格」と世襲王朝の実像！

定価〈本体900円＋税〉 ISBN978-4-7698-7006-7

産経NF文庫の既刊本

中国人が死んでも認めない 捏造だらけの中国史

黄 文雄

真実を知れば、日本人はもう騙されない！中国の歴史とは巨大な嘘！中華文明の歴史が嘘をつくり、その嘘がまた歴史をつくる無限のループこそが、中国の主張する「中国史の正体」なのである。だから、一つ嘘を認めれば、歴史を誇る「中国」は足もとから崩れることになる。

定価〈本体800円＋税〉 ISBN978-4-7698-7007-4

神武天皇はたしかに存在した 神話と伝承を訪ねて

産経新聞取材班

（神武東征という）長旅があって初めて、天照大御神の孫のニニギノミコトを地上界での祖とする皇室は大和に至り、天皇と名乗って「天の下治らしめしき」ことができたのである。東征は、皇室制度のある現代日本を生んだ偉業、そう言っても過言ではない。（序章より）

定価〈本体810円＋税〉 ISBN978-4-7698-7008-1